教育の危機と現代の日本

人間教育からの改革

作新学院大学 学長
渡邊　弘 著

東洋館出版社

はじめに

教育は、どの時代においても、本来学びたいという人間がいて、それをよくしたいと思い働きかける人間の関係性を基本としています。また、そうした人々がダイナミックに活動する主な場として家庭、学校、社会があります。さらに、その場において人々は、知識や技術や振る舞い方を互いに学び合い、その連続的活動の中で文化の伝達や価値の創造が行われていきます。つまり、私たち人類は、太古の昔からこうした営みを通して、発展してきたと考えられます。

しかし、この教育が、わが国では今、危機的状況にあると言わなければなりません。長い歴史の中で、さまざまな教育改革がなされてきました。それらは、ある意味国家にしろ、国民にしろ、まだ体力や進取の気性といったものがあったからここまで来られたともいえます。しかし、現代は周知の通り、国を支える人間（人材）それ自体が少子化で急激に減少しています。とくに教育や保育といった人間形成に携わりたいと考える若者も減少し、教員の質の問題も深刻化してきています。国は国で財政的に逼迫し国債を発行して借金を増やし教育に投資する予算も困難な状況になっています。また、教育の思想的側面から見れば、これまで政治、経済、軍事を優先して教育を考えてきたツケが一挙に噴出してきたといえます。教育は、経済や政治、軍事よりも国家繁栄に直結していないという考え方がどこかにあるのかもしれません。「教育は百年の計」といわれます。教育は、すぐに効果が表れるものではありません。教育を軽視しているという事は、すなわち学ぶ人間そのものを軽視してきているということです。福澤諭吉は、すでに一八七二（明治五）年に著した『学問のすすめ』の中で、「一身独立して一国独立する」という言葉を表していいます。すなわち、国が独立して発展していくためには、まず一人一人が独立していかなければならないと主張し、それぞれの資質（「天資の発達を助る」）を尊重した教育をすでに訴えていました。これまでの日本の教育は、そもそも果たして一人一人の人間を尊重して教育を考えてきた歴史だったのでしょうか。これは重大な問題です。ちなみに、教育思想上、「かのごとくの教育」という言葉があります。これは、一見子どもの自主性や主体性を認めている「かのごとく」見えますが、実は最終的にはあらかじめ決められたレールの上を歩かされ、最終的にはそれに従うということになるという意味です。幼児教育から高等教育まで、今日本の教育は、表面的には「学習者中心」を唱えていますが、予算一つとっても教育を重視しているには程遠く世界的にも依然少なく、欧米は言うまでもなく、アジアの国々からも追い抜かれていく傾向があります。このままこれまで同様経済、政治、軍事優先して、国の基盤となる人間のための教育が疎かになれば、国全体が衰退していくことになります。少子化対策はもとより、幼児教育から高等教育まで一貫して、人間のための教育を再認識していく必要があります。では、どこに問題があるのでしょうか。本書の最大の目的は、その問題を吟味することにあります。これからのわが国の教育を考えていく上で、先ず私たちが行わなければならないのは、現状分析であり、そこにどのような問題があるかを共有し、それらをどう解決していかなければならないかを多面的・多角的視点から対話を通して知恵を出し合い創造していくことにあると考えます。

私は今回、具体的な問題として次の五点を提示しました。第一は、日本の教育の歴史的問題です。（第1章）とくに本論ではわが国の特徴ともいうべき二項対立的な歴史思考の問題を中心に考えていきます。第二は、人間観・子ども観に関する問題です。（第2章）この思想的問題は、ある意味最も重要かつ深刻な問題であると言わなければなりません。この問題についてはできるだけわかりやすく、丁寧に説明し、今後どのような考え方を模索していかなければならないかについても、第3章でこれからの人間観・教育観について考え方を提示し、さらに第4章では私たちに歴史上教育に対して警鐘を鳴らし続けてくれた思想家たちを取り上げて、その意義を探っていきたいと考えています。第三は、教職に関する問題です。（第5章）とくにこれまでの慣習的な教職観の問題と現在のわが国の教員養成をめぐる深刻な問題について述べていきます。そして第四は、さまざまな問題を抱える子どもたちのための教育連携体制の問題です。（第5章の1）とくにここでは、子育て支援問題、子ども虐待問題、いじめ問題、不登校問題、そして最近注目されているヤングケアラーの問題を取り上げます。そして第五は、わが国の生涯学習に関する問題です。（第5章の2）近年しばしばメディア等でも社会人の「学び直し」が注目されていますが、残念ながら世界に比較して、わが国では、大学教育の在り方も含めてかなり遅れており、未整備のままで今日まで来てしまった現実があります。これらについては本論で詳しく説明したいと思います。

ちなみに、私は現在、地方の小規模な大学・短大の学長を務めています。急激な少子化傾向の中で、学生をどのように集めていくか日々教職員と共に知恵を絞って学生に魅力のある大学、学生たちに選ばれる大学を目指して奮闘しています。そうした中で、いま最も頭を悩ましているのが、教員養成と保育者養成学科の学生減少の問題です。実は、いま高校生たちが進学を希望する際、最も人気のない学部・学科の一つが教育・保育分野となっています。教員採用試験でも、以前は小学校の場合で約六倍以上の試験倍率があったものが現在では全国的に下がっています。もちろん、教員採用の募集定員が少ない高校などは現在でも多少倍率を維持していますが、それでも以前に比べれば減少しています。さらに、教育や保育者の希望者が少なくなっているため、また教員の質を保証していくためか、都道府県によっては年齢制限を撤廃したり、教育委員会が教員養成の学部や学科に対

して優秀な学生を送り込んでもらう目的で推薦制度（一次免除など）を設けたりしていま
す。つまり、高校生たちが教員や保育者に魅力を感じなくなっているということです。そ
の背景には、たとえば、年々新たに学習指導要領などに加えられるなどの仕事量の増加の
問題、保護者対応の精神的負担、授業以外の仕事内容の難しさなどが考えられます。もち
ろん職業も多様化していることもあり、教員や保育者などの職業を選ばず、別な職業が多
く選べるということも要因としてはあるかと思いますが、早急に働き方改革を行っていか
なければ、子どもたちを教える立場の人間が少なくなると同時に質の問題にもなります。

今こそ、本気で教育からの社会変革を行っていかなければ、わが国はほかの国々から一
層引き離されるどころか、国自体が弱体化し続けていくのではないかと懸念します。以上
のような考えから、今回あえてこの書を出版し、読者の方々と問題を共有し解決策を探っ
ていきたいと切に願っています。

二〇二五年一月一日

作新学院大学　学長　渡邊　弘

目次

第6章　教育における連携体制の問題　139

第1章

日本における教育の歴史的問題
～歴史から何を学んできたのか～

まず、戦後日本の教育の歴史的問題について考えていきたいと思います。なお、ここでは、一九四五（昭和二〇）年から現在までを通して、根本的にどこに問題があるのかを探っていきたいと考えます。

一九四五年、日本は敗戦と共にこれまでの天皇中心の軍国主義的国家主義体制を破棄し、アメリカの指導の下に民主主義国家の道を歩み始めました。具体的には、翌年に来日した、アメリカ教育使節団がまとめた『アメリカ教育使節団報告書』に基づき、戦後日本の新たな教育の根本方針を決定されました。その最も重要な点は、「われわれの最大の希望は子供たちにある。子供たちは、まさに未来の重みを支えているのであるから、重苦しい過去の因襲に抑圧されることがあってはならない。[1]」という文章からもわかるように、学習者としての子どもたちを中心に教育を考えていくことでした。そして、これまでの教育については、「習得されるべき一定量の知識があるとして、生徒の能力および興味の差異を無視する傾向があ」り、「指令、教科書、試験、および視察によって、その制度は教師が職業的自由を発揮する機会を減らしていた」[2]として批判しています。さらに、「民主主義の生活に適応した教育制度は、個人の価値と尊厳との認識をその基本とするであろう。それは、各人の能力と適性に応じて、教育の機会を与えるように組織されるであろう。」[3]と、民主主義に相応しい個人の価値と尊厳を重視した教育を今後推進すべきであると提案しています。この報告書を参考として、日本側は同使節団に協力する目的でつくられた日本側委員会（教育刷新委員会）によって「教育基本法」が作成されました。これは、日本国憲法（昭和二一年）の精神に則った最初の教育立法であり、旧来の勅令主義（天皇の意思の表明としての「教育勅語」を基本原理とするもの）を法律主義（国民の意向を反映する「教育基本法」を基本原理とするもの）への転換を意味しました。構成的には、序文と十一条からなる内容と附則から成り立っており、「真理と平和を希求する人間」の育成をめざした民主主義教育の根本理念をはじめ、九年間の義務教育（第四条）や男女共学（第五条）、さらに政治・宗教の公教育における中立性（第八条・第九条）などが短文でまとめられています。

また同年には、戦後教育の骨組みをつくり教育改革を具体化した「学校教育法」が制定されています。その特色は、六・三・三・四制に基づく単線型の学校の制度化、中学校を含めた義務教育の九年への延長とそれに伴う普通教育の普及向上、高等教育の普及と学術の進展を図るための大学の門戸開放などが挙げられます。この学校教育法は、一九四七（昭和二二）年四月一日から施行され、小中学校は同日に、高等学校は一九四八年に、大学は一九四九年にそれぞれ発足しました。一九四八年には、教育行政改革の重要な一つとして、「教育委員会法」が制定され、民主化、地方分権などを基本理念とする教育行政のあり方が示されました。

一方学校現場では、新たな教育方法として、アメリカのデューイ（一八五九–一九五二）に代表される子どもの興味や関心を生かし、子どもの生活経験を手がかりとしながら活動的に学習する教育の考え方に基づく経験主義教育の影響の下、個性尊重、生活経験の重視、問題解決学習の導入など、自由主義的な色彩の濃いものとなり、戦前の知識注入型の教育方法は一新されました。なお、問題解決学習とは、現在の総合的な学習や探究型学習に近いものと考えてよいと思いますが、児童・生徒の生活経験から興味や関心のある問題を取り上げ、その解決過程で具体的な活動を通して思考を誘発、展開し、問題解決の能力を養う教授・学習形態です。教育課程では、新教科として発足した社会科を中心に、子どもの生活経験を中核に据える「コア・カリキュラム」が実施されました。この昭和二〇年代という時期は、教育史上わが国では焦土と化し、混沌としていた時代ではありましたが、ある意味「子どもから」教育を真剣に考えていこうとした貴重な時代だったのではないかと私は考えます。

しかし、一〇年も経過しないうちに、この「子どもから」教育を考えていくという視点が弱まり、再び文部省を中心とした政治主導の国家統制が進行していくことになります。その原因は、いくつか考えられます。まず一つは、新教育それ自体の問題です。十分に理解され消化されていない外国の経験主義教育や問題解決学習の実践により、学力の低下やモラルの低下などを引き起こしたことです。二つ目は、朝鮮戦争（一九五〇～一九五一）などによる米ソの対立の高まりを背景としたアメリカからの反共産主義圏に対する自由主義陣営としての日本人の育成への強い要望です。その反映として、政府文部省と日本教職員組合（日教組）との対立が激しくなり教育界に混乱をもたらしてくることになります。教育行政も次第に中央集権化し、文部省主導の動きが次第に顕著に認められるようになっていきました。具体的には、一九五六（昭和三一）年に教育委員が公選制から任命制になり、教育委員（都道府県・市町村の行政委員会の構成員で非常勤の特別職地方公務員）が地方教育行政の組織および運営に関する法律により、公選された首長が議会の同意を得て任命することになりました。それは、教育行政における国、都道府県、市町村の連携ないし一体性を確保することであり、つまり教育行政の「タテ」の系列を強化するねらいがあったと考えられます。一九五八（昭和三三）年には、公立学校教職員の「勤務評定」が実施されることになりました。一般に「勤務評定」とは、職員の勤務成績と職務遂行に直接関連する職員の性格・能力・適性などを後世に評価し記録することによって、人事管理の適正を図ることを目的としたものでした。これも、学校管理体制に、校長、教頭、教務主任、一般教員という職階制を導入することでやはり校内における「タテ」の系列の強化をねらいとするものでした。さらに同年、学習指導要領が文部省「告示」という形で官報に公示され、法的な権限が強化されることになりました。また、小中学校に「道徳の時間」が特設の時間として教育課程に組み込まれ、高校でも「倫理・社会」が設けられたのもこの年です。学習方法も、先に紹介した問題解決学習から「系統学習」へと転換していきました。「系統学習」とは、教師主導によって基本的な内容を子どもの発達や理解力および順次性を踏まえて、系統的・体系的に教える学習方法です。

こうした政治主導の教育に、さらに一九六〇年代になるといわゆる世界的にはアメリカとソ連とのロケットの打ち上げ競争などの影響を受けて、わが国でも高度経済成長という社会状況を背景に、人的能力の向上や科学技術教育の振興といった経済界からの教育要求が高まりをみせることになり、「政治主導」と「経済主導」の教育が展開されてくることになります。当然、学習者である「子どもから」という発想は、ますます消失していくことになりました。一九六〇（昭和三五）年には、当時の池田内閣が経済政策を最優先課題として「国民所得倍増計画」を打ち出したのを受けて、文部省は「人的開発政策（Man Power Policy）」を打ち出しました。一九六一年には、文部省は人的開発の理由から、全国の中学校二年生と三年生に一斉学力調査（国語と数学）を実施しました。これはあくまで経済的な観点からのものであり、競争原理を取り入れて都道府県ごとの学力の底上げが目的であり、その結果、過度の準備教育や学校教育全体が「テスト教育体制」と化して批判が上がり、いくつかの県で問題なども発生したため、一九六四年で全国一斉の学力調査は三年間で終了しました。ちなみに、全国一斉学力テストは、その後再び二〇〇七（平成一九）年に対象を小学生にも拡大して復活します。教育課程においても、たとえば数学の「集合」が小学校六年生で教えられるなど、早期教育との関連から内容が引き下げられて教えられるようになり、また系統的に教える内容も量的に増加していきました。

さらに、一九六六（昭和四一）年には、こうした経済界の要請に応えて、文部大臣の諮問機関である中央教育審議会の答申の「別記」として『期待される人間像』が発表されました。とくに当時、「国家を正しく愛することが国家に対する忠誠である」「日本国の象徴たる天皇を敬愛することは、その実態たる日本国を敬愛することに通じる」という表現の理解をめぐって議論され、最終的には実現されませんでした。そもそも、「よい人間像」を国家が国民の上に画一的に掲げること自体問題であると言わなければなりません。

このように、日本が高度経済成長の時代を迎えるのと呼応する形で、高校への進学率も上昇していきました。高度経済成長と共に、これまで以上に高校でも出ていなければ社会に出たときに知識面や技術面において通用しないという社会的風潮が高まったことが背景にあります。とくに、筆者が生まれた一九五五（昭和三〇）年には、高校進学率が五一・五％であったのが、一九六五（昭和四〇）年には七〇・七％、一九七〇（昭和四五）

年には八二・一%に達しています。ちなみに一九五五年の中学からの就職率は四二・〇%で、筆者が中学を卒業する年の一九七〇年には一六・三%に減少しています。[4]

高度経済成長を背景に、この時期支配的になっていった学校をめぐる価値観は、偏差値的にレベルの高い学校を卒業し、一流の企業に入社すれば、一生が保証されるというものです。すなわち、受験競争に勝ち抜くことが、将来、経済競争で勝ち抜くための大切なステップになっていきました。そしてこれは、受験競争についていけない、あるいはこの体制を支える価値観から逸脱する子どもたちを生じさせることになりました。つまり、彼らは、一般に「落ちこぼれ」や「積み残し」という言葉の中で枠づけられていくことになっていったのです。

その結果、著しい経済成長によって、モノがあふれ一見豊かな社会にはなりましたが、その反面、青少年の非行・問題行動が多く発生し始めました。具体的には、一九七〇年代後半以降、次第に八〇年代半ばに向かって校内暴力（器物損壊、生徒間暴力、対教師暴力）、不登校（当時は「登校拒否」と呼ばれた）、いじめなどが深刻な社会問題として論じられるようになりました。つまり、自分たちを無視した教育に対して、子どもたちが反乱を起こしたのです。

このような状況を打開していくために、文部省はあわてて対策を講じ始めました。それがいわゆる「ゆとり教育」です。具体的には、一九七六（昭和五一）年に教育課程審議会が「ゆとりある教育」を答申し、「ゆとりと充実を」「ゆとりと潤いを」がスローガンの下に、小学校は一九八〇年度、中学校は一九八一年度、高等学校は一九八二年度からゆとり教育が開始されました。学習内容及び時数の精選削減、教科指導を行わない「ゆとりの時間」などが実施されました。この施策は、今から考えればいかに対処療法的なものであり、内容であり、「ゆとりの時間」を週一時間設けて、子どもたちにその時間は何をしてもいいとしたり、学習内容及び時数を減らせば解決すると考えていること自体、ある意味滑稽ともいえます。それだけ当時の文部省は、想定外の子どもたちの反乱に打つ手がなかったのだと思います。相変わらず「政治・経済主導」の考え方からの教育は変わることなく、小手先だけの学習内容や方法を修正したに過ぎません。このこと自体教育思想上極めて問題であると言わなければなりません。事実、国の方では「教育基本法」の改正をはじめ、水面下では抜本的に教育を改革していこうという動きが出ていました。これが後に述べますが、ゆとり教育衰退の大きな要因だったと今から思えば考えられます。具体的には、一九八四（昭和五九）年に、当時の中曽根康弘首相が、「明治以来の第三の教育改革」というスローガンのもと「臨時教育審議会」（一九八七年の第四次答申（最終答申）まで）を設置しました。この設置の第一の意図は、ゆとり教育の不十分さへの批判であることは言うまでもありません。もう一つは明治以来の第三の教育改革が戦後の第二の改革とは根本的に異なり、むしろ明治初期の政府主導の第一の改革に近いものであると考えられます。この審議会の内容は多岐にわたっており、その後のわが国の教育改革および方向性に大きな影響力を与えたことは間違いないと思います。その最も大きな改革が二〇〇六（平成一八）年に改訂される教育基本法です。戦後改革で強調された人格の完成や個人の尊重を掲げられていますが、根本的には一九四七年の教育基本法はアメリカ主導で作られたものであり日本独自のものを作らなければならないといった考え方があったと思います。

話をゆとり教育に戻しましょう。平成期に入り、依然このゆとり教育路線が進行していきました。それはまさに先に述べた昭和二〇年代の子どもの生活を中心とした経験主義教育の回帰といえます。具体的には、一九八九（平成元）年に学習指導要領が改正（小学校は一九九二年度、中学校は一九九三年度、高等学校は一九九四年度から施行）され、とくにゆとり教育に基づく新学力観を導入し、学習内容及び授業時数の削減が行われました。また、小学校の第一学年および第二学年の社会及び理科を廃止して、教科「生活」を新設されました。その特徴としては、具体的な活動や体験を通して学ぶ内容を自分との関わりにおいて総合的に学ぶことにありました。当時の教員たちは、とくに「生活科」の専門がいない中で、終戦直後の経験主義教育と同様に戸惑いながら授業方法などを模索していました。

さらに一九九六（平成八）年には、第15期中教審が「生きる力」という理念を示しました。具体的な趣旨は次のようなことです。

「我々はこれからの子供たちに必要となるのは、いかに社会が変化しようと、自分で課題を見つけ、自ら学び、自ら考え、主体的に判断し、行動し、よりよく問題を解決する資質と能力であり、また、自らを律しつつ、他人とともに協調し、他人を思いやる心や感動する心など、豊かな人間性であると考えた。たくましく生きるための健康や体力が不可欠であることは言うまでもない。我々は、こうした資質や能力を、変化の激しいこれからの社会を［生きる力］と称することとし、これらをバランスよく育んでいくことが重要であると考えた。[5]」

この内容からもわかるように、「生きる力」の育成とは、知・徳・体をバランスよく育んでいく全人的な力の育成ということを意味しています。この理念自体は教育の本質に関わる重要な提示であると私も思います。この時点では、かなり政府の学習者から教育を考えていかなければならないという真剣度が見られます。そして、一九九八年から二〇〇三年にかけて、こうした「生きる力」を理念としたゆとり教育の下で具体的に展開していくことになりました。しかし、具体的な内容論、方法論になって行くにつれて、やはり政府主導であり、時期尚早の部分もあり、内容・方法的にも未整理のまま進行していったように思います。具体的に、第一は、従来の学校中心の教育への反省から、家庭と地域社会における教育力を回復し、それら三者の連携を強化することによって子どもたちの生きる力を育んでいこうということを意図した「完全学校週五日制」の実施です。この理念は重要であり、学校、家庭、地域社会との連携や棲み分けなどは重要であることは間違いありません。しかし、現実にわが国では、急に家庭や地域に子どもを任すと言ってもその基盤となる体制作りができていないという現実があります。この点の甘さがあったと私は思います。

第二は、児童・生徒が自ら課題を見つけ、主体的に判断し、問題解決できる能力を育てることをねらいとした「総合的な学習の時間」の導入です。これも考え方としては学習者主体による活動を重視している点は重要ですが、あまりに極端に増加させて教科とのバランスが取れなかった点、そしてこの時間の取り扱い方自体教師が十分に認識しておらずマンネリ化してしまった点が問題として挙げられます。第三は、これまでの教育内容の「厳選」をねらった教科内容の三割削減です。これは先の第一の問題とも関連しますが、あまりにも子どもの生活重視、総合的な学習の時間の重視によって教科内容がかなり激減し混乱が生じたという問題です。そして第四は、これまでの相対評価であったものを「絶対評価」に変更し導入したことです。この利点は、個々の児童・生徒の発達や個性などを尊重した評価にしていこうということだろうと思いますが、一方で他者と比較する相対評価をいわば悪いもののように考えて、そこからすべて平等に行わなければならないという、いわば「悪平等主義」が発生していきました。もちろん、子どもたちの道徳性の発達などは比較すべきではないと思いますが、運動会の徒競走で「みんな一緒にゴールしましょう」

などとなれば問題であり、当時はそうした批判も少なくなかったと記憶しています。

以上のような、昭和二〇年代の教育の再来ともいうべきゆとり教育という名のもとでの経験主義教育が、これらの問題が社会的に浮上し、さらに決定的となるのが、これも昭和二〇年代と同様であるが、いわゆる「学力低下」の問題です。

時代は巡るとよく言われますが、わが国の教育も再び学力低下の問題で一九五〇年代の政治主導あるいは六〇年代の経済優先の教育に転換していきます。その規模は、国公私立問わず、小中学校全体の調査となり、以前のそれとは比較にならないほどの大規模なものとなりました。具体的には、ゆとり教育が具体的に展開される中で、やがて、OECD生徒の学習到達度調査（PISA2003）国際数学・理科教育調査（TIMSS2003）の結果が発表され、日本の学力低下が大きな問題とされることになりました。そしてその問題は、ゆとり教育への批判となっていきました。二〇〇五（平成一七）年には、学習指導要領の見直しがはじまりました。そして、二〇〇七（平成一九）年に、OECDによる生徒の学習到達度調査（PISA2006）の結果が発表され、日本の点数低下がさらに問題となり、当時の安倍晋三首相の下「教育再生」と称して、ゆとり教育の見直しが着手され始め、いわゆる脱ゆとり教育へ路線が転換されていきました。同年、全国学力・学習状況調査が始まり、二〇〇九年には小中学校ともに総合的な学習の時間と選択教科が削減され、また学校週五日制も土曜日授業開始により次第に有名無実化していきました。

また、先に紹介した臨時教育審議会の基本方針にしたがい、二〇〇〇（平成一二）年には「教育改革国民会議」が当時の小渕恵三総理大臣の諮問機関として発足し、これからの教育の17の提言を行いました。とくに、この中では、教育基本法改正問題が大きく浮上してくることになり、二〇〇六（平成一八）年一二月一五日、新しい教育基本法が、第一六五回臨時国会において成立し、一二月二二日に公布・施行されました。

二〇〇八（平成二〇）年には、学習指導要領が改訂され、〈確かな学力〉を基盤とした〈生きる力〉の育成をめざして、とくに重点内容として、①あらゆる学習の基盤となる「言葉の力」の涵養、②国際的水準から見て恥ずかしくない「理数系学力」の育成、③我が国の先人が積み重ねてきた「伝統文化」の継承、④自然体験や福祉体験、勤労体験など「多様な体験」の導入、⑤国際化の進展に伴う「小学校からの英語学習」の実施、⑥道徳教育の充実などが課題として挙げられました。

言語力育成については、知的活動（論理や思考）やコミュニケーション、感性・情緒の基盤であることから、国語科だけでなく、各教科等でレポート作成や論述を行うといった言語活動を指導上位置付け、充実を図っていくことが求められるようになりました。また、言語活動を支える条件として、教材の充実や読書活動の推進なども重要視されました。

理数教育では、学術研究や科学技術の世界的な競争が激化するなどの変化の中で、国際的な通用性や内容の系統性などを踏まえた指導内容の見直しを行うことを目的として、カリキュラム内容等の改訂が行われることになりました。具体的には、たとえば二次方程式の解の公式（数学）や、イオン、遺伝、進化（理科）などを高校から中学校に移行するなどです。また、算数・数学や理科の授業時数を増加して、繰り返し学習、観察・実験やレポートの作成、論述などを行う時間を確保し、数学や科学に対する関心や学習意欲を高めることとしました。

こうした傾向は、再び一九六〇年代の高度経済成長時代において実施された経済発展のための早期教育とほぼ本質的には同じであるといわなければなりません。つまり、教育内容を中等教育機関から初等教育機関へ、あるいは上級学年から下級学年へと下げて早期に教えていくということであり、量的にも増やしていくということを意味しています。

英語教育については、文部科学省は二〇一三（平成二五）年一月に、グローバル人材育成に向けての英語教育改革案を発表し、二〇二〇年度（令和二年）から必修化され、小学校三年生・四年生は外国語活動、小学校五年生・六年生は成績がつく教科へ（週三時間）、完全実施となりました。すなわち、五年生から必修化されていた英語が、三年生からになりさらに早期化される結果となりました。英語が教科化されるということは、テストが行われ、通知表には数値による成績が付くようになるということです。このため、小学校五・六年生では、中学校の学習内容が一部前倒しになっています。

道徳教育については、とくに教育基本法改正時に「道徳心」、「郷土と国を愛する心」、「公共の精神」などが盛り込まれて以降、道徳教育の一層の充実が強調されることとなりました。二〇〇八（平成二〇）年の『小・中学校学習指導要領道徳編』では、道徳の時間を要とし、二〇一一（平成二三）年九月の大津いじめ事件を契機として、翌年頃から道徳の教科化の論議が再び起こりました。そして、二〇一三（平成二五）年の「道徳教育の充実に関する懇談会」、翌年の「中教審初等中等教育分科会教育課程部会道徳教育専門部会」、さらに二〇一五年の学習指導要領の見直しを経て、二〇一八年度（平成三〇年）から現在の道徳の時間が「特別の教科道徳（道徳科）」と教科となり現在に至っています。当然教科になれば評価することになります。道徳の場合は、数値ではなく記述式で評価するということです。

さらに令和期の現在では、社会のデジタル化が進む中、教育現場でも先端技術の効果的な活用が求められているとして、「ＩＣＴ（Information and Communication Technology、情報通信技術教育）」が急速に導入されることになりました。たとえば、タブレットを使ってインターネットで調べ学習をする、算数の図形問題の解き方をアニメーションで説明する、デジタル教科書をタップして図表を拡大し参考動画を視聴する、生徒の作った発表資料を一瞬でクラス全員の端末に共有する、ＡＩ教材で一人一人のレベルに合った英語技能学習に取り組むなど、その利用方法は多岐にわたっています。

以上のことからわかるように、グローバル化や持続可能な社会の実現など、時代の変化に合わせて学校において教えられる内容も増加してきています。子どもたちがさまざまなことを学べるというメリットがある反面、指導・支援する教師の負担はますます大きくなってきています。学校が抱えることがあまりにも多すぎると私は思います。それは、教師として当然の仕事であり、授業は最も大切な教師の仕事ではないかと言ってしまえばそうかもしれません。もしそうであれば、それ以外の課外活動や残業の問題などの働き方改革を含め、根本から見直す必要があるのではないでしょうか。はじめにでも述べましたように、現在教員を希望する学生は減少の一途を辿っています。その原因の一つがこのあたりにもあると考えられます。それ以上に問題なのは、子どもたちの学習の問題です。国の方ではこれも大切、あれも大切ということで学校という場で内容を増やしますが、一九七〇年代に起こった子どもたちの反乱と呼べるものが同様に再び起こってくることが懸念されます。現に、学校の学習についていけない子どもや、引きこもり、不登校、精神疾患などの問題を抱える子どもたちが増加しているのも、あるいはその一つの現れといえるかもしれません。

なぜわが国は、このように管理主義と経験主義、教育課程における内容の増減、問題解決学習と系統学習といった二項対立的な思考の繰り返しから抜け出せないのでしょうか。私は、その根本原因の第一は、そもそも教育それ自体の考え方、すなわち教育思想の脆弱さにあるのではないかと考えます。つまり人間観や教育観の問題であるということです。言い換えれば、「子ども主体」、「学習者主体の教育」といいながら、結局は経済、政治、軍事などのその時代時代の目的実現のための〝手段としての教育〟という考えから抜け出せていないということです。教育は、それ自体人間にとって目的であるわけであり、国にとっても福澤が「一身独立して一国独立する」と主張したように、「一身独立」はひいては「一国独立」につながるわけです。わが国は、一日も早くこの二項対立的な呪縛から解き放たれなければならないと考えます。では、どのような人間観・教育観における意識変革が必要なのかを次章で詳しく考えていくことにしたいと思います。

注

1　村井実訳『アメリカ教育使節団報告書』講談社学術文庫、一九七九年、一九頁
2　同前書、二七〜二八頁
3　同前書、三〇頁
4　総務庁統計局編『日本統計年鑑』毎日新聞社、参照
5　第十五期中央教育審議会答申、参照

第2章

人間観・教育観の問題

1 これまでの人間観の問題

私たちは一般に、教育を「人間形成」という言葉で表す場合があります。その場合、大きく二つの教育上の関心が考えられ、一つは「人間」への関心、もう一つは「形成」への関心です。前者は人間観の問題であり、後者は全体として「目的」、「内容」、「方法」、「組織機関」、「教師」の五つの観方の総称と考えられます。この中でもとくに人間観、目的観が最も重要であるといえます。たとえば、私たちが山登りをする場合、まずその山がどのような山なのかを知る必要があります。次に、その山をどこまで登るのかということを考えないわけにはいきません。この二つが決まってはじめて、どのような道具を用意して、どのような方法で登っていくのかが決まりますし、また登ろうとする自分の体調や役割などを事前に考えておく必要があります。教育を考える場合もこれと同じだと思います。教育というと、ややもすると内容や方法などの技術論を中心に考えがちですが、教育の対象はあくまで人間ですので、その対象としての人間をどう観るかの問題が最も重要だということです。もちろん、これが絶対であるという人間観があるわけではないと思いますが、少なくとも教育上この人間観を軽視したり、単純化したりすることは大変危険であると言えます。またもう一つの目的観も人間観同様中核となるものです。教師にしろ、親にしろ子どもたちをよくしたいという思いをもっているはずであり、その思いや、願いに支えられて教育という営みが成立していると思います。しかし、彼ら（彼女ら）を「よくしたい」という場合の目的をどう考えるかによって人間観と同様に教育の考え方は大きく変わってしまうということです。この点については、後ほど詳しく説明したいと思います。それでは、まず人間観から考えていくことにしましょう。

私たちは、人間をどう観るかという場合、一般的にそれぞれの専門的な立場から描く習慣があります。たとえば、経済に関心がある人は「経済」的視点から「利益を追求する存在」として、生物に関心がある人は「生物」的視点から「生き物であり、自然の一部である存在」として、また法律に関心のある人は「法律」的視点から「法律を遵守する存在」などです。つまり、それぞれの優先的関心や視点から人間を捉えるということです。しかし、それらは人間の一面を捉えた観方であり、人間の全体を捉えた観方とはいえません。

教育における人間観を考える場合も、より相対的な人間観が求められなければなりません。

　では、人間の性質をより全体的に捉えるために、ここでは便宜上、東洋に伝統的にある、いわゆる人間の性質を善悪などで捉える、いわゆる性善説や性悪説などを通して考えてみることにしましょう。この観点から人間の性質を分類すれば、おおよそ①性悪説的人間観、②性白紙説的人間観、③性善説的人間観の三種類の人間観になります。

　まず、①の性悪説的人間観では、人間というものは、本性として悪いものあるいはだめなものという考え方が基本ですから、教育を行う場合は、外部からよいことを注入してそれをいわば矯正していくという考え方になります。②の性白紙説的人間観では、もともと人間は白紙のようなもので、まだどのような色にも染められていない状態という考え方が基本ですから、教育を行う場合は、①と同様にやはり外部から決定されたよいといわれる色を染め付けていくという考え方になります。

　つまり、これらの考え方は、明らかに教える側が主体であり、子ども自身が潜在的にもっている内部の働きというものについては軽視あるいは無視しているといわなければなりません。このこと自体、教育上問題であるといえます。

　それに対して、③の性善説的人間観は、生来子どもとはよいものであり、なるべくそれを損なわないように育んでいくことが大切であるということになります。しかしここで問題なのは、もともと働きかける対象がよい存在で極力何もしないほうがよいということになれば、教育という営み自体に矛盾が生じてくることになります。

実は、わが国の場合、これまでの人間観はおおよそこの三つの人間観のいずれかであると考えられます。とりわけ、性悪説的人間観と性善説的人間観は、いわば第1章で紹介しましたような二項対立的に捉えられ、前者では管理主義教育が、後者の立場では経験主義教育がそれぞれ主張され、とくに日本では歴史的に、「ゆとり教育」と「脱ゆとり教育」、「問題解決学習」と「系統学習」を見ても、両者が交互に登場してきているといってよいでしょう。

当然、こうしたこれまでの二項対立的な人間観は限界に来ていることは明らかであり、新たな人間観を私たちは模索していかなければならないわけです。では、先の三つの人間観に対して、いわば第四の人間観とはどのような観方が考えられるでしょうか、この点については、後ほど詳しく述べてみたいと思います。

2 これまでの教育観の問題

すでに、教育におけるこれまでの人間の性質に基づく人間観として、大きく①性悪説的人間観、②性白紙説的人間観、③性善説的人間観に分類し、その特徴と問題点について説明しました。人間が人間をよくしようとする教育を考える場合、この人間観によって大きく異なった考え方になると考えられます。

まず、①の性悪説的人間観では、人間というものは、本性として悪いものあるいは悪い性癖がありだめなものという考え方が基本ですから、教育を行う場合は、外部からよいことを注入してそれをいわば矯正していくという考え方になります。たとえば、西洋の中世は、「神の教育」でした。すなわち、最高のよさは「神」であり、それを認めた以上、子どもたちをその「神」に向かって、あるいはその「神」に則って、丹念に計画的に作り上げていくことこそ、子どもたちをよくするもっとも確実な道と考えられたのです。中でも、それが徹底して行われたのが修道院における教育でした。そこでは会則が定められ、無所有、純潔、服従といった生活理念を掲げ、祈りと生産的労働を中核として実践されました。こうした教育は、やがてヨーロッパ中に広がり、いわゆる中世の全時期を通じて、「神」に従う人々を作るという仕事として、組織的に展開されることになったのです。

②の性白紙説的人間観では、もともと人間は白紙のようなもので、まだどのような色にも染められていない状態という考え方が基本ですから、教育を行う場合は、①と同様にやはり外部から決定されたよいといわれる色を染め付けていくという考え方になります。

たとえば、イギリスの哲学者で医師であるロック（John Locke, 1632-1704）は、『人間悟性論』（一六九〇年）の中で、生まれついての人間の心を「白紙」(tabula rasa) と呼んだことは有名です。これは、いわゆる生得観念 (innate ideas) はないという主張の表現であり、そこにはこれまでの「神」による社会や思想の権威から自立的な知性に道を開こうとするロックの考えがあります。しかし、ロックは教育の対象である子どもも同様に「白紙」と捉え、彼らの自立的な理性的人間として育てるための自由な配慮への道を開いたと同時に、一方では『教育管見』で述べられているようなよい人間としての「紳士 (gentleman)」のための教育が論じられており、それは、普遍的に人間の教育ということではなく、またイギリス国民全体の教育というものでもなく、あくまで中産上層階級に適した教育というものでした。したがって、ロックの場合、理性の尊重とは、紳士に相応しいさまざまな知識や徳などを進んで受け入れる〝受動的な能力〟を尊重するということを意味していたわけです。

つまり、この二つの考え方は、明らかに教える側が主体であり、こうなるべきだといういわば理想型も決定されており、また子ども自身が潜在的にもっている内部の働きというものについては軽視あるいは無視しているといわなければなりません。このこと自体、教育上問題であるといえます。

それに対して、③の性善説的人間観は、生来子どもとはよいものであり、なるべくそれを損なわないように育んでいくことが大切であるということになります。たとえばルソーは、著書『エミール』の中で、もともと子ども自身が生まれながらに「よい」のであり、したがって、それが自然のままに成長すること（あるいはそうさせること）こそ真の「教育」の仕事だ、と考えました。彼は、一般に「子どもの発見者」といわれますが、これまでになく子どもの自然性や子ども時代も尊重している点にあります。ただし、ルソー自身の考え方にも課題がなかったわけではありません。彼は、もともと子どもは「よい」のであるから出来るだけ何もしない方がよいという、いわば消極的な教育の考え方を基本にしていながら、現実にはエミールに対して積極的に働きかけ、漠然とですがどこかに理想的人間像をイメージしていたところがあるように見えます。この点は、さらに吟味していく必要があると思います。

参考文献

村井実『教育学入門』（上・下）講談社学術文庫、一九七六年
村井実『教育思想（上）（下）』東洋館出版社、一九九三年
ルソー／今野一雄訳『エミール（上）』岩波文庫、一九六二年
ロック／加藤卯一郎訳『人間悟性論』岩波文庫、一九四〇年

第3章

これからの人間観・教育観を考える

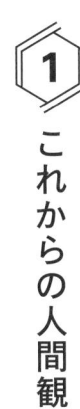

1 これからの人間観

（1）性向善説的人間観という考え方

では次に第四の人間観を考えていきたいと思いますが、ここでは便宜上「性向善説的人間観」と呼んでおきたいと思います。みなさんは、あるいは③の性善説的人間観に「向」という一字を付けただけではないかと思われるかも知れませんが、全く異なる考え方なのです。すなわち、この人間観は、人間ははじめからよいものでも悪いものでも白紙でもなく、人間の内部に、いわば「よさに向かおう」とする機能としての潜在的な働きが備わっているという考え方です。ここでの「よさに向かおうとする潜在的な働き」とは、「よい人間とは何か」や「よい生き方とは何か」など、どこまでもよさを求めていくということであり、言い換えれば何がよいのかを考えつづけていくということです。したがって、もともと人間の性質がよいという考え方の性善説的人間観とは根本的に違うということです。

社会や学校などで、一見よさなど求めているように表面的には見えない人間（子ども）がいますが、それは何らかの事情によりよさを求める働きが弱まったり停止してしまったと考えるべきであり、人間は本質的にはやはりよさを求めるそうした働きを備えているということを認めることが大切ではないかと考えます。つまり、よさを求めるという働き自体は、人間にとってその強さや弱さ、あるいはその具体的な表出の仕方などの区別はありますが、ある人間にはあって、別な人間にはないといった区別や差別はないということです。

ちなみに、現代の脳科学や生物学において、この「性向善説的人間観」に類似した考え方が見られます。たとえば、人間の認知脳には、内省（introspect）と外向（extrospect）があり、とくに前者は感性的機能で古い脳（大脳辺縁系）がつかさどり、「よりよく生きる」力を発揮するために物象の中から、内的価値観を創り出す働きであるといわれています。後者は、知性的機能で、新しい脳（大脳新皮質系）が関与して「うまく生きる手段」を考える働きです。また生物の進化においても、ＴＴＧ（tropism toward goodness）「よりよく生きようとする生物的趨勢」というものが、すでに生物の仕組みの中に組み込まれているという考え方が提唱されてきています。

ところで、多少抽象的になりますが、「よさに向かう」や「よさを求める」といったときの「よさ」とは、教育を考える場合とくに目的や目標に関わるものです。その場合、二つの考え方があります。一つは、「よさ」とは単に実在としてすでに〝ある〟という考え方です。これを実在主義的な考え方といいます。たとえば、よい人間とはこういう人間であると明確に掲げるケースがこれに当たります。もう一つは、「よさ」とは人間がどこまでも求めつづけていく〝名称〟であるという考え方です。これを唯名主義的な考え方といいます。ここで提案している「性向善説的子ども観」の場合は後者の立場となります。たとえば、よい人間という者ははじめから存在するわけではなく、あるいは誰かがそれを知っているということではなく、私たち一人一人がどこまでも「よい人間」とは何かを考えつづけていく名称としての目的ということです。私たちは、よく子どもを「よい子」「わるい子」「普通の子」などと分けて考え、そうしたものとして扱う習慣がありますが、はじめからよい子やわるい子などが存在するわけではないはずです。

現在、学習者本位の教育や多様性を重視した教育が求められています。そうした時代の中で、これまでのような性悪か性善かといった二項対立的な人間観を克服して、第四の人間観である「性向善説的人間観」に転換すべきであると強く考えます。

（2）性向善説的人間観と人権

人間は、誰もがよさを求める働きを潜在的に備えているという性向善説的人間観は、人権教育の視点からも重要な考え方といえます。人権とは、一般的に単に人間であるということに基づく普遍的権利であり、「人間の生存にとって欠くことのできない権利および自由」とされ、生まれつきもち、国家権力によっても侵されない基本的な諸権利を意味します。ただし、生まれつきもっているとはいえ、時代的、社会的、国家的な状況の制約下において、それが軽視、無視されることは現代も含めて歴史的事実として起こっています。たとえば、次に紹介するパキスタン出身の女性で、二〇一四年ノーベル平和賞を受賞したマララ・ユスフザイ（Malala Yousafzai、一九九七年七月一二日～現在）は、当時の受賞スピーチで次のように主張しています。

「肌の色、言語、信仰する宗教は問題ではありません。互いに人間として尊重し、尊敬し合うべきです。私たちは子供の権利、女性の権利、あらゆる人権のために闘うべきです。（中略）私には二つの選択肢しかありませんでした。一つは、声を上げずに殺されること。もう一つは、声を上げて殺されること。私は後者を選びました。当時はテロがあり、女性は家の外に出ることが許されず、女子教育は完全に禁止され、人々は殺されていました。当時、私は学校に戻りたかったので声を上げる必要がありました。[1]」

この内容からもわかるように、人間の権利とは、それぞれの人間の「訴え」があって初めて獲得できるものであり、その意味で人間は「訴え的存在」ということもできるでしょう。「訴える」という行為は単に裁判などの場合に限らず、広く一般に行われている人間に本来潜在的に備わった働きと考えられます。したがって、訴え的存在としての人間は、性向善説的人間観とも重なる人間観といってもよいと考えます。

また、人権に関連して「人権感覚」という言葉があります。この意味は、自分の大切さとともに他の人の大切さを認めようとする物事の捉え方、感じ方です。その場合のキーワードが「自己尊重」と「他者尊重」です。前者は自分自身を見つめる心であり、後者は他者を思いやり、認める心です、つまり、自分も相手もよく生きようとする働き、あるいは「訴え的存在」としての人間であることを感覚的に捉えていくことが重要であるということです。

（3）「学びつづける存在」としての人間

これからの人間観を、「性向善説的人間観」あるいは「訴え的存在」としての人間観と呼び、その特徴について説明してきました。すなわち、本質的には誰もがよく生きようとしており、基本的人権を保持するために「訴える」という働きを備えているということです。このことは、さらに現実の私たちの行動に関連して考えてみた場合、どのようなことになるのでしょうか。

私たちは、その置かれた状況ごとに何がよいのかを考えながら行動している、あるいは生きています。「何がよいのかを考えながら」ということは、つまりもっとわかりやすく言えば「なぜだろう」や「なんだろう」と疑問をもち、時にはある問題に対して批判したり、共感したりしながら、その時点での解決策を見出して行動しているということだろうと思います。深刻に悩んで、なかなか行動に結びつかない場合もあれば、瞬時に解決して行動に移せる場合もあるでしょう。こうした過程（プロセス）全体が人間が「学んでいる」状態といえます。要するに、よさを求めていく内的な働きとは、まさに「学び」の働きと理解することができるということです。それでは、「学び」とは一体どのようなことでしょうか。

わが国では、明治から今日に至るまで、さまざまな教育思想的問題はありながら、たとえば大正期の自由（新）教育運動や昭和二〇年代の経験主義教育、あるいは一九八〇年代頃からのいわゆるゆとり教育において「子どもから」教育を考えていこうとした時期を除いて、教育は国家が定めた特定の知識・技術・振舞い方などをある理想的人間像（たとえば「忠良なる臣民」や「期待される人間像」など）の実現のために一方的に注入することによって、次第に「なぜだろう」「なんだろう」といった知識に対して疑問をもつという行為自体が、とくに学校の中から消失していくことになりました。その原因の一つとしては、教師はそもそも「答え」をもっていてその答えを覚えさせる人であり、一方児童・生徒はその「答え」を覚える立場という関係性に起因していると考えられます。つまり、児童・生徒の方から教師に自由に質問する、すなわち主体的に「問う」という行為が学校教育から徐々に失われていくことになったということです。

そもそも学ぶということには、先にも述べましたように、ある事柄に対して「なぜ？」「何？」といった疑問をいだくことがその基本としてあると考えられます。こうした観点から、これまでの日本の学校教育を見たとき、「覚える」という暗記中心と

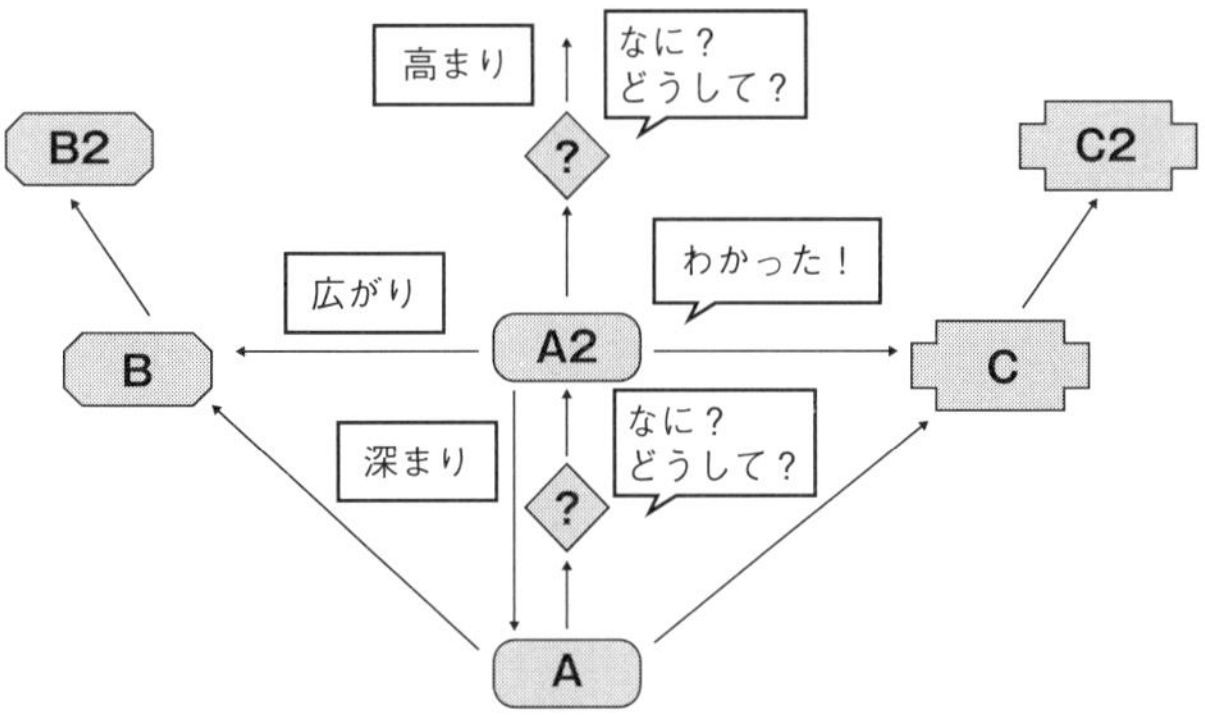

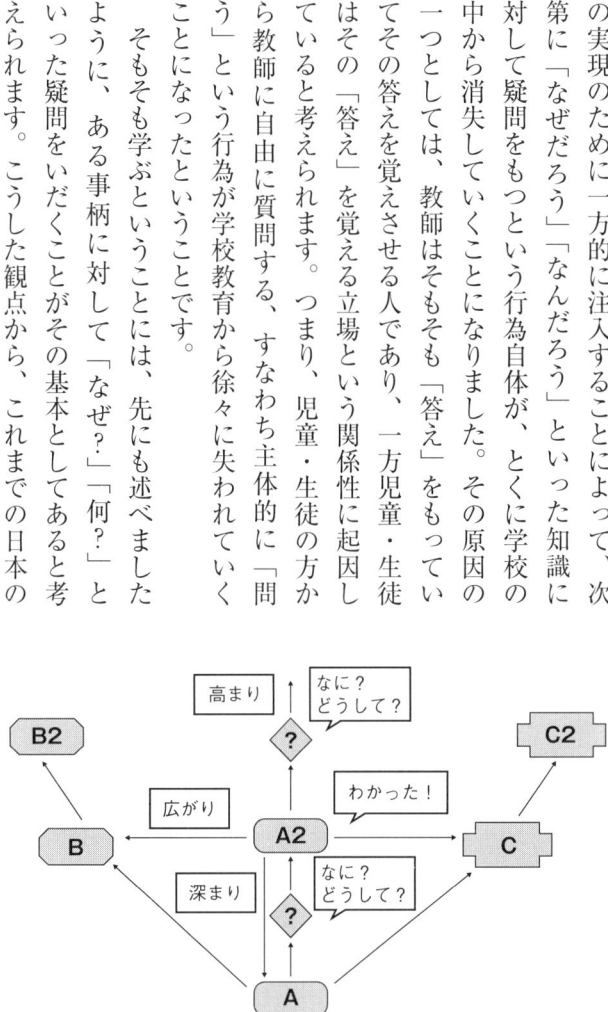

図1　「学び」の高まり・広がり・深まり

なっており、そうした疑問をもち主体的に考えるという本来の学びは全体的にこれまで希薄であったといわなければなりません。

すなわち、「学び」を大まかに意味づければ、本人が興味関心をもつ知識や技術などを主体的に問いながら習得していく連続的行為ということになると考えます。また、学ぶ楽しさあるいは醍醐味もそこにあるといえます。たとえば、前頁の図1を見て下さい。

はじめに「A」という事柄に関心をもち考えていくと、そこに何か疑問が出てきます。やがてそれが自分で調べたり、先生や誰かに聴いたりして解決し、「A2」という段階に進みます。それは〈学びの高まり〉と呼ぶことができるでしょう。その場合、いままで関係がないと思われていた「B」や「C」という事柄にも、実は関係しているということに

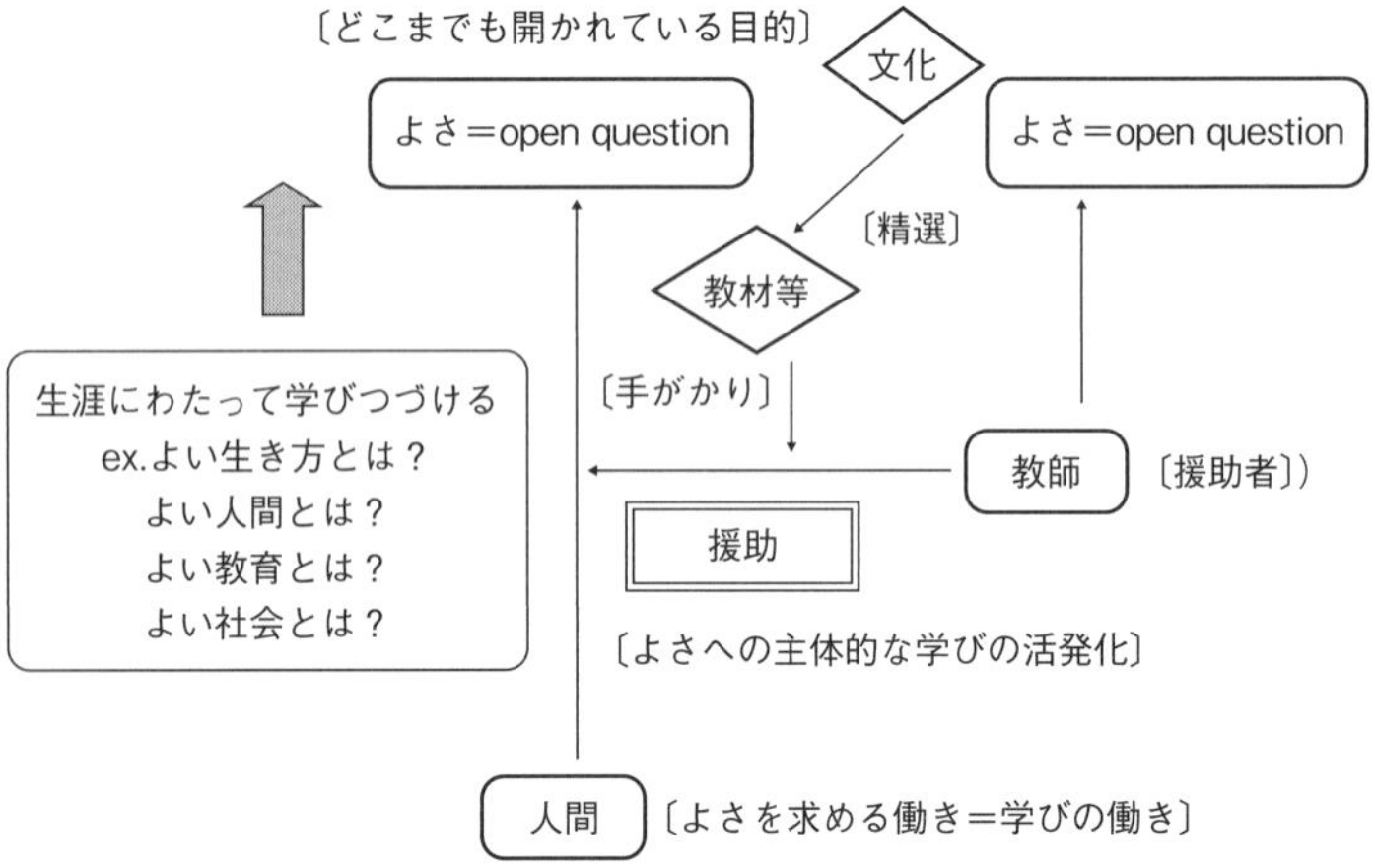

図２　手がかりとしての「文化」と学びの発展

気づくことがあります。これは〈学びの広がり〉ということになります。さらに、「Ａ２」から再び疑問が生じて、それを解決していこうとしていきます。こうした高まりがどこまでも続いていく行為が「学びつづける」ということになります。こうした〈学びの高まり〉と〈学びの広がり〉が同時に、出発点（原点）であった「Ａ」それ自体についての認識も深まりをみせていくことになります。これを〈学びの深まり〉と呼んでおきたいと思います。このように学ぶという行為は、〈高まり〉と〈広がり〉と〈深まり〉とをもってどこまでも進んでいくプロセスとして捉えることができるわけです。そうした学びの働きを、私たち人間だれもが潜在的に備えているという認識が教育上重要であると考えます。

以上、学びの意味と特徴について説明しました。人間にとって、たとえば「よい生き方」や「よい人間」、あるいは「よい教育」とは何かなど、生涯にわたって問いつづけていくわけです。そして、その目指す目的はどこまでも「開かれた問い」（オープンクエスチョン）であるはずです。一般に、「生涯学習」と呼ばれることの基本はここにあるといえるでしょう。

しかし、どこまでも学びが無限に多様なものとはいえ、現実には、ある範囲で社会的・歴史的にこれまで人間が創造し承認してきた、いわゆる「文化」と呼ばれるものを手がかりとして思考し行動していかなければなりません。そうした文化を精選して、学校という場で教材として子どもたちに提示されるわけです。その文化には、主に生活習慣・行動様式に関する道徳文化、論理の働く領域に関する学問や心情の働く領域に関する芸術、その他政治、経済、宗教など多岐にわたります。このような文化の諸領域に与えられた名称が「価値」であり、私たち人間は、それらの価値を一つの目的としてさらなる創造を目指すのであり、各領域において何が「よい」のかをどこまでも探求していくという意味で「よさ」は人間の追求していく総称であり、常に「開かれた問い」（オープンクエスチョン）といえます。学習者も教師も、究極的にはこの「開かれた問い」としての「よさ」を共に考え、問いつづけていく存在なのです。

2 これからの教育観〜「援助」という視点〜

以上のように、これまでの人間観に即した形成観（教育観）にはそれぞれ問題があることがわかります。ではこれからの形成観（教育観）はどのように考えればよいのでしょうか。

このことは、すでにこれからの人間観のところで説明しましたように「性向善説的人間観」に相応しい形成観（教育観）ということになります。この人間観は、人間ははじめからよいものでも悪いものでも白紙でもなく、人間の内部に、いわば「よさに向かおう」とする機能としての潜在的な働きが備わっているという考え方です。ここでの「よさに向かおうとする潜在的な働き」とは、「よい人間とは何か」や「よい生き方とは何か」など、どこまでもよさを求めていくということであり、言い換えれば何がよいのかを考えつづけていくということであり、それはまた学びつづけることと言い換えることもできます。このような人間観に相応しい形成観（教育観）とは、教師や親など働きかける側は、学ぼうとする人間の潜在的な働きを認めて、その働きを活発にしていくこととなります。

では、その学習者の内的な働きを活発化させることをどのように表現すればよいでしょうか。それに相応しい言葉が「援助」という言葉です。ちなみに教育界で積極的にこの「援助」という言葉を用いている分野が三つあります。一つは、幼児教育、二つ目は特別支援教育、三つ目は看護教育です。これらの教育の対象者は、乳幼児、障がい者、病人です。この人たちは、一般的により多くの支援・援助や教育的配慮を必要とする人たちです。しかし、もちろんこうした対象者も人間として潜在的によさを求める働きを備えているわけであり、それが今はあまり積極的には表に出ていない状態の場合があるということにすぎません。したがって、働きかける側は、それだけ相手のよさを求める働きをしっかり認めて、それを活発にしていこうという意識を強くもっている必要があります。そのため指導や支援よりもむしろ「援助」という言葉を意識的に使用していると私は考えています。では、「援助」とはそもそもどのような意味なのでしょうか。

「援助」という言葉は、①力をかす、②救うを意味する「援」と、①力を添える、②励まし成し遂げさせる、③増進させる（活発化させる）、を意味する「助」から成り立っています。[2] したがって、これらの意味を教育の関心から総合的に考えれば、「援助」とは、学ぶ人間に対して力をかし（添え）、励ましながら、本人の生得的な力を増進させる（活発化させる）ことと便宜上解釈することができます。ややもすると、「援助」という言葉は、一見何もしないといった、いわゆる「見守る」とか「自由放任」のように捉えられ、消極的な印象をもたれがちですが、実は「援助する」ということは、むしろ積極的な働きかけの工夫を意味する言葉であるといわなければなりません。先にも述べましたように潜在的に子どもたちはだれもわかりたい、学びたいという欲求や働きを備えていますが、その働きは、彼ら（彼女ら）の能力によって現実には異なっています。かけ足が早い子もいれば遅い子もいるし、算数の得意な子もいれば苦手な子もいます。教育現場では、子どもたちの学びを援助する場面は、数限りなくあります。学習者と援助しようとする教師が存在すれば、そこには具体的な学びの援助活動が展開されることになります。そうした中で、とくに私たちが心得ておかなければならない点は「わからない」というレベルが異なるということです。教師は授業の中で、可能な限りそのレベルの差を理解し、その子どもたちにどうすれば理解できるかさまざまな工夫をしていくことになります。教師は、その子どもたちの状況に合わせて、図式化したり、比喩を用いたり、あるいはヒントを与えたりしながら、まさに積極的な働きかけの工夫を日々行っているわけです。もし教師がこの積極的な働きかけの工夫を怠ったとしたならば、教師としての役割を果たしていないと言わなければなりません。

これに関連してですが、私は現在学長職を務めながら、前期と後期一科目ずつ授業をもっています。前期の授業は道徳指導法、後期は教育原理を担当しています。とくに指導法と名のつく授業は、近い将来教育実習で実際に授業を行ったりするので、授業自体実践的な内容を多く含んでいます。道徳指導法は三〇名くらいで、すべての学生に指導案と板書計画の作成を課して、個別に添削しています。当然学生はそれぞれ異なった指導案・板書計画を作成してきます。初めからよく作成してくる学生は問題ないのですが、中には基本的なことを理解してない学生もいて、どうすれば再度わかりやすく理解させられるか工夫します。その工夫によって学生が理解して指導案などができて、しかも教育実習などでよくできたと報告してくれたときには教師としてのやりがいを感じます。もちろん上手くいくときばかりではありません。四〇年近く教員をやっていますが、むしろ上手くいかないことの方が多かったかも知れません。積極的な働きかけの工夫を行うためにはどうしても「想像力」と「創造力」が必要だと思います。教師は日々これを鍛えていくこと、衰えさせないことが大切であると最近改めて感じます。

3 宮城まり子の子ども観・教育観

これまで、性向善説的人間観と「援助」としての教育観について述べてきました。これに関して、こうした考え方をもとに実践してきた宮城まり子さん（一九二九年−二〇二〇年、昭和四年−令和二年）の事例を紹介してみたいと思います。

宮城さんは、日本で初めて肢体に不自由があり、親が面倒みられない子どもたちのための私立としての施設「肢体不自由児養護施設」（一九六八年、昭和四三年）とそれに併設する「養護学校（現在の特別支援学校）」（一九七九年、昭和五四年）を創設した教育実践家です。宮城さん、もともとは女優、歌手でしたが、家族の死や肢体不自由児施設で出会った運命的な出会いにより、教育者としての道をあゆみはじめました。彼女は、当時まだこうした子どもたちへの関心が低かったことから、学園にいるダブルのハンディキャップをもった子どもたちを少しでも知ってもらい、福祉の在り方を真剣に考えてもらいたいということから、一九七四年（昭和四九年）以降、映画製作にも携わり、これまで具体的には、①「ねむの木の詩」（一九七四年）、②「ねむの木の詩がきこえる」（一九七八年）、③「虹をかける子どもたち」（一九八〇年）、④「ハローキッズ」（一九八六年）の四作品を製作しています。さらに、平成時代に入り、宮城さんは数々の先駆的な仕事を成し遂げてきましたが、さらに大きな夢を実現に向かって動き出しました。それが、福祉の里「ねむの木村」づくりです。おそらく宮城さんは、ねむの木学園開園当初から、こうした障がいをもつ子どもと大人が一緒に生活できる、まさに「幸せがある」場所をつくりたいという思いがあったのだろうと思います。さまざまな困難を乗り越えて、ついに一九九七（平成九）年、身体障がい者療護施設「ねむの木のどかな家」が開園、やがて二年後の五月にねむの木村開村式が盛大にとりおこなわれました。そこは、東海道線の掛川駅から西の赤石山脈にかかる途中に広がる静かな村里であり、茶畑に囲まれ、約一〇万坪の山林と畠と湖といった素晴らしい豊かな自然環境です。

二〇一九（平成三一）年四月に肺炎のため入院し、それ以降あまり体調が思わしくなく、入退院を繰り返しながらも、変わらないねむの木の子どもたちへの強い愛情を糧として仕事に打ち込むという生活をつづけていました。二〇二〇（令和二）年二月初めに体調の急激な悪化が見られ、掛川市内の総合病院に緊急入院し、間質性肺炎と診断されました。その後、二〇年ほど前に患った悪性リンパ腫の再発が疑われるとのことで、かかりつけであった東京の医療機関に転院し、抗がん剤の投与などの治療が行われました。医師たちの懸命の処置にもかかわらず、午前六時五五分、息を引き取られました。ちょうど満九三歳の誕生日でした。

では、宮城さんはどのような考えでこの困難な営みを乗り越えてきたのでしょうか。とくに、彼女の子どもの観方と教育についての考え方を見ていくことにしましょう。

宮城さんは決して難しい表現はしません。しかし、彼女のもって生まれた鋭い感性と愛情により、その平易な言葉が私たちに力強く語りかけてくるのです。宮城さんの子ども観を一言で表現すると「ダメな子は一人もいない」ということです。また一方教育についての考え方も一言で表すと「生きていくお手伝い」ということです。おそらくその根本には、人間の内部には、何かに役に立ちたい、何かをしてあげたい、何かを表現したいといったように、いわば人間の生きる原動力ともいうべき潜在的なエネルギーがあることを認め、人間が〝生きる〟ということは「共に生きる」ことであり、助け合いながらよりよく生きることであるという考え方があるように思います。

宮城さんは、「知恵遅れ」という言葉に対して疑問をもっています。宮城さんは、むしろただ通常より〝ゆっくり、ゆっくり、育っている〟ことにすぎず、そうした子どもたちのすべての中に内なる素晴らしい「かくれた才能（能力）」が秘められていると考えます。

このような宮城さんの子ども観をよく表すエピソードがあります。ねむの木学園が開校して二年目の九月末、七歳の男の子が「ぼく　かえる　みつけた。しみそう。くさのところに　いきました。」と国語の授業のときに書き、それを分教場の先生が「ぼくは　きょう　かえるをみつけました。死にそうでした。くさのところへいきました。」と赤でペケをつけて直しました。その夕方、その子は東京から仕事を終えて帰ったばかりの宮城さんに「ぼくは作文もダメなんだね。ダメな子なのね」と泣きながらいったそうです。「作文も」というのは、その子は先生から、「絵も算数も、お前はみんなダメだな」ということを、すでに何度もいわれていたのです。それを聞いた宮城は、思わず「ダメな子なんか一人もいない」といってその子をその場では慰め、翌日〝ダメ〟といった先生にお願いに行き、次のように言ったそうです。

「先生、たいへん生意気で失礼だと思うけど、お願いがあります。先生は、学校の教師を長いことしていらっしゃるから、学校の教育方針があると思っています、だけど、この子はこういう丸い形をした子どもだとお考えになっていらっしゃると思います。だけど、この子はこういう横に長い楕円形をした子なので、先生の教育方針からはみ出るところがあります。だから先生、こういう楕円形になって、この子の教育をしていただけませんか。この子は、こういう子どもで、先生のこういう丸い形から見ると、横にはみ出しすぎています。先生、その子にあった形で教育してほしいのです。それは私の無理なお願いでしょうか。[3]」

こうした宮城さんのお願いに対して、その先生は、「あんた女優さん偉いかしらんけど、私は教育経験三〇年です」と悲しくもいったといいます。

この二人の根本的な相違が、子ども観にあることは明らかでしょう。子どもをすべて

「丸い形」にしか見られず、悲しくも教育経験三〇年といった教師と、その子どもの形を認めて、それに合わせて教育しようとする宮城さんとの子どもの観方との大きくしかも決定的な〝隔たり〟です。

以上のように、宮城さんは、どの子にもみなかくれて才能（能力）があり、それが愛し信じてもらえることによって〝はじける〟と考え、それを「ダメな子は一人もいない」という言葉で総称しているのです。

また、すでに述べましたように、宮城さんの教育観を最もよく表しているのが、「お手伝い」という言葉です。具体的に次のように著書で述べています。

「私には、教育とは何か、とはうまくいえない。知識がなくては、生きてゆけない。けれど、本質をみきわめることを、自然に覚えた彼と彼女は、いま、なにかを乗り越えたと思ったのだ。あとは、そのまま、そっと正しく道案内する。生きていくお手伝いをする。[4]」（傍点引用者）

ここでの「生きていく」とは、先にも述べたように自らの才能（能力）を限りなく発揮しながら、よりよく生きることを意味しています。宮城さんは、この「お手伝い」の中心として三つの「I」―①Identity（自我同一性）、②Iquiary（探究）、③Interaction（他人とのつきあい）―を挙げています。これら三つの「I」は、いわば教育方針であり、それぞれ①障がいをもっている自分自身をしっかり見つめ、②自らの才能（能力）をもって興味あることを探り、③他者と助け合いいたわり合いながら生きることを意味し、それらのお手伝いをしていくことが教育と、彼女は考えています。

では、「生きていくお手伝い」の具体的な例を宮城さんの事例から一つ紹介してみましょう。

「私は、その子の能力と、その日の体力に合わせて、いろんな大きさの紙を用意している。えのぐは、いま、マジックペンを使っている。それまで、クレヨンやクレパス、色えんぴつ、水彩など、いろいろ使ってみた。スゴッくペンだと流れない。水彩は、色と色を重ねるとよごれてしまい、手が自由でないとはみだしてしまう。クレヨンやクレパスは、手でこすれてしまうからよごれる。クレヨンもクレパスも、ポキッと折れてしまう。たべちゃう子もいる。障がいのない子ならいいけれど、今までの画材は無理だった。色鉛筆は、力のある子はきれいに塗れるけれど、力のない子は、うすく塗ってしまう。水彩は流れてしまう。それでマジックペンに落ちついた。[5]」

ここにも、絵を楽しませてあげたいという宮城さんのやさしい配慮と、子ども一人一人の体力と能力に対するしなやかな観察の正確さによって、見事な「お手伝い」としての教育が展開されていることがうかがえるでしょう。

ここで改めて私たちが気づくことは、教材は教師が単に「教える」ものではなく、子どもたち一人一人の「表現したい」という気持ちをかなえるための一つの道具であり、子どもたちが自分でも知らなかった新しい自分に出会うための手段であるということです。
以上、これまでの教育の考え方の問題点と性向善説的人間観、訴え的人間観、そして「援助」という教育の考え方を中心に、これからの教育思想の在り方について述べてきました。実は、歴史的にこうした考え方はすでにさまざまな思想家たちが、表現こそ異なるものの、各時代の中で提唱し、警鐘を鳴らしつづけてきたことでもあります。この点を、主な人物を取り上げて次に紹介したいと思います。

注

1 マララ・ユスフザイさんの国連本部でのスピーチ（二〇一三年七月一二日、マララ・デー）二〇一三年七月一二日 https://www.unic.or.jp/news_press/features_backgrounders/4790/
2 諸橋徹次他編『廣漢和辞典』（中巻）大修館書店、一九八一年、二九二～二九三頁、参照
3 宮城まり子『まり子の目・子どもの目～ねむの木学園の〈教育〉の発見～』小学館、一九八三年、九二頁
4 宮城まり子『まり子の校長日記』小学館、一九八五年、一三二頁
5 前掲書『まり子の目・子どもの目』、四六頁

第4章

思想家たちの警鐘

（1）福澤諭吉と「文明教育論」

福澤諭吉（一八三五―一九〇一、天保五―明治三四）は、『学問のすすめ』の著書者として、慶應義塾の創設者としてよく知られています。また、翻訳や『時事新報』による言論活動などを通して、啓発活動に努めました。ここでは、論文「文明教育論」（明治二二年）を通して福澤の教育論の一端を見ていくことにしたいと思います。

一八八九（明治二二）年という年は、大日本帝国憲法が頒布された年でした。翌年に頒布された「教育勅語」頒布とともに、わが国においてまさに制度的にも、思想的にも天皇制国家主義体制が確立しようとしていたときでした。この年に、福澤は当時の教育の在り方に対して「文明教育論」を執筆しています。その中から、最も福澤の当時の考え方が表れていると思われる次の文章を引用しておきます。

「固より直接に事物を教えんとするも出来難きことなれども、その事に当たり物に接して狼狽せず、能く事物の理を究めて之に処するの能力を発育することは随分出来得べきことにて、即ち学校は人に物を教うる所にあらず、唯その天資の発達を妨げずして発育する為の具なり。教育の文字甚だ穏当ならず、宜しく之を発育と称すべきなり。」[1]（傍点引用者）

福澤は、まず直接事物を教えることは困難ではあるが、物事の道理を個々人が追究し、その能力を発達させていくことは可能ではないかと主張しています。その上で、彼は、現状の学校が、国家が定めた知識や技術、振る舞い方までも決定して子どもたちに教え込もうとすることの危険性を指摘し、「学校は人に物を教うる所にあらず」とレトリカルに表現しています。では学校はいかなる場所か。福澤は、「唯その天資の発達を妨げずして発育する為の具なり」と的確に表現しています。すなわち、当時進められようとしている教育は、まさに子どもたちが潜在的に備えている資質の発達を逆に妨げているということです。そして、最終的に福澤は、もう国家が決定した単一的価値観を教え込もうとする意味での「教育」という言葉をやめて、「発育」という言葉に変えた方がよいと主張しています。福澤は、この「発育」という言葉によって、教育とは子どもたちの内部にもともと備わっている「天資」の発達を「助ける」ことでなければならないと考えていました。私は、福澤のこの「発育」という言葉に、本来の教育の理念が集約されているように感じます。

事実福澤は、明治一五年の評論「徳育如何」の冒頭で、教育を植物の栽培にたとえて、次のように論じています。

「人心は草木の如し。教育は肥料の如し。（中略）草木は肥料に由て大に長茂すと雖も、唯其長茂を助るのみにして、其生々の根本と資る所は、空気と太陽と土壌津液とに在り。空気乾湿の度を失ひ、太陽の光熱物に遮られ、地性瘦せて津液足らなざる者へは、たとひ肥料を施すも功を奏すること少なきのみならず、全く無動なるものなり。教育も亦斯の如し。人の智徳は教育に由て大に発達すると雖も、唯其発達を助るのみにして、其智徳の根本を資る所は、先祖遺伝の能力と、その生育の家風と、その社会の公議与論にあり。[2]」（傍点引用者）

このように福澤は、『文明教育論』以前の道徳教育論争のときに、すでに「助る」という言葉を用いています。つまり福澤は、子どもたちの智徳は学校での教育によって発達するとはいえ、それはあくまで彼等の発達を「助る」だけであり、むしろそこに学校教育の役割も自ずとあることも認識していると考えられます。

注

1　慶應義塾編『福沢諭吉全集』（第12巻）岩波書店、一九六九年、二一九〜二二〇頁

2　慶應義塾編『福沢諭吉全集』（第5巻）岩波書店、一九六九年、三五三〜三五四頁

（2）夏目漱石と『私の個人主義』

夏目漱石（一八六七年―一九一六年、慶応三年―大正五年）は、一般に日本の小説家、評論家、英文学者として広く知られている人物です。本名は夏目金之助であり、四九歳で他界しており決して長い人生だとはいえませんが、彼の残した小説や評論は我が国を代表する文学作品であると同時に、歴史的にもきわめて貴重な研究資料であるといえます。ここでは、漱石の講演記録による論説文『私の個人主義』（大正三年）を通して、彼の人間観、倫理観を中心に考えてみたいと思います。この年の前年には、ひどいノイローゼが再発し、さらに三月には胃潰瘍が再発していますが、大正三年には『こころ』を朝日新聞に連載、一一月にここで取り上げる『私の個人主義』を学習院輔仁会で講演しています。この講演録は漱石の代表的な評論であり、漱石の人間観、倫理観を鮮明に表している作品といえます。『私の個人主義』は、漱石の講演録または評論の中でも最も有名なものと言ってよいでしょう。長編小説『こころ』の完成後に四度目の胃潰瘍に病臥した後に、漢学者の岡田正之からの交渉により、皇室と関係の深い上流子弟の多い学習院輔仁会で生徒に講演したものです。この講演により、晩年における漱石独自の人間観、倫理観は、「個人主

義」「自己本位」「徳義心」などの独特の言葉によって鮮明に表出されてきます。同時に、放縦不羈な利己主義を批判する形で、さらに国家との関係性を踏まえながら論じられています。

明治後期から大正期にかけての漱石の最大の関心は、人間の利己主義（エゴイズム）と個人主義の問題でした。漱石の言葉を借りれば「人間の自由を重んじ過ぎて好きなマネをする放縦不羈」な利己主義的個人主義に対する彼独自の「徳義心」の高い個人主義が鮮明に主張されています。

（ア）一個の独立した日本人としての自覚と「自己本位」

漱石は、一九〇〇（明治三三）年五月、文部省より英語教育法研究のため（英文学の研究ではない）、英国留学を命じられ、現地での猛烈な神経衰弱のために一九〇二（明治三五）年暮れに急遽帰国しています。

英国ではシェークスピアなどの文学論をはじめ、進化論などの科学や英国発祥の功利主義などの哲学や倫理学など幅広く学んでいたと考えられます。しかしその成果は、神経衰弱が物語るように、それほど大きくはなかったようです。もし大きな成果があったとすれば、自身の日本人としてのアイデンティティが覚醒されたということが考えられます。そうした一個の独立した日本人としての尊厳や誇りから、西洋文化を無自覚に受容する当時の状況について、まず次のように論を展開しています。

「近頃流行るベルクソンでもオイケンでもみんな向こうの人がとやかくいうので日本人もその尻馬に乗って騒ぐのです。（中略）私が独立した一個の日本人であって、決して英国人の奴婢でない以上は、これくらいの見識は国民の一員として備えていなければならないうえに、世界に共通の正直という徳義を重んずる点から見ても、私は私の意見を曲げてはならないのです。」[1]（傍点引用者）

＊　アンリ＝ルイ・ベルクソン（Henri-Louis Bergson、一八五九年一〇月一八日－一九四一年一月四日）は、フランスの哲学者。近代の自然科学的・機械的思考方法を克服、内的認識・哲学的直観の優位を説き、生命の流動性を重視する生の哲学を主張。一九二八年ノーベル文学賞受賞。著「創造的進化」「道徳と宗教の二源泉」。

＊＊ルドルフ・クリストフ・オイケン（Rudolf Christoph Eucken、一八四六年一月五日－一九二六年九月一五日）は、ドイツの哲学者。ノーベル文学賞受賞者。

このように、西洋の「奴婢」や「尻馬」にならない徳義に基づく一個の独立した日本人として立ち上がった漱石は、「自己本位」という旗を高らかに掲げたのです。

「一口で言うと、自己本位という四字をようやく考えて、その自己本位を立証するために、科学的な研究やら哲学的の思索に耽りだしたのです。（中略）私はこの自己本位という言葉を自分の手に握ってから大変強くなりました。（中略）私は多年の間懊悩した結果ようやく自分の鶴嘴をがちりと鉱脈に掘り当てたような気がしたのです。

なお繰り返していうと、今まで霧の中に閉じこまれたものが、ある角度の方向で、明らかに自分の進んでいくべき道を教えられたことになるのです。（中略）しかしながら自己本位というその時得た私の考は依然としてつづいています。（中略）一つ自分の鶴嘴で掘り当てるところまで進んで行かなくってはいけないでしょう。[2]」（傍点引用者）

では、自分の鶴嘴で掘り当てるところまで進んで行くとはどういうことなのでしょうか。この点について、次のように論じています。

「それで私は常からこう考えています。第一に貴方がたは自分の個性が発展できるような場所に尻を落ち付くべく、自分とぴたりと合った仕事を発見するまで邁進しなければ一生の不幸であると。しかし自分がそれだけの個性を尊重し得るように、社会から許されるならば、他人に対してもその個性を認めて、彼らの傾向を尊重するのが理の当然になって来るでしょう。[3]」（傍点引用者）

このように、自分の鶴嘴で掘り当てるところまで進んで行くということは、自分とぴたりと合った仕事を発見するまで邁進することです。同時にその根底には自己尊重と他者尊重の精神を根本とするということです。そして注目すべき点は、そのようにしない場合は「不幸」と漱石が表現していることです。別言すれば、人間が自らの仕事や生活（漱石の言葉では「内容生活」）を邁進していくことは「幸福」であるということになります。こここでさらに重要な点は、すでに『文芸と道徳』（明治四四年八月大阪講演）の中で主張していた氏の「人間はどう教育したって不完全なものである[4]」という人間観に関連するものです。すなわち、邁進する先の「幸福」とは、どこまでも人間が求めていく「理想」であるということです。では、目的であり理想としてのこの「幸福」のために、人間はどのようなことを考える必要があると漱石は考えていたのでしょうか。

（イ）漱石の利己主義批判と目的としての「幸福」

あくまで「徳義心」の高い個人主義の立場をとる漱石として、その第一の条件は、当然人間が自己の目的としての「幸福」を求めていくためには利己主義的思想を否定していくということです。

「近頃自我とか自覚とか唱えていくら自分の勝手な真似をしても構わないという符徴（合い言葉）に使うようですが、その中にははなはだ怪しいのがたくさんあります。彼らは自分の自我をあくまで尊重するような事をいいながら、他人の自我に至っては少しも認めていないのです。いやしくも公平の眼を具し正義の観念を有つ以上は、自分の幸福のために自分の個性を発展していくと同時に、その自由を他にも与えなければ済まん事だと私は信じて疑わないのであります[5]。」

別な箇所においても、「我儘な自由は決して社会に存在し得ないからであります。よし存在してもすぐ他から排斥され踏み潰される」[6]とも表現しています。

第二の条件は、権力を有する立場の者の権利と義務の認識です。漱石は、「義務の附着しておらない権力というものが世の中にあろうはずがないのです。」[7]と強く主張し、さらに次のような教師の比喩を用いて説明しています。

「別の例を挙げて見ますと、貴方がたは教場で時々先生から叱られる事があるでしょう。しかし叱りっぱなしの先生がもし世の中にあるとすれば、その先生は無論授業をする資格のない人です。叱る代わりには骨を折って教えてくれるに極まっていますす。叱る権利を持つ先生はすなわち教える義務をも有っているはずなのですから。先生は規律をただすため、秩序を保つために与えられた権利を十分に使うでしょう。その代りその権利と引き離す事の出来ない義務も尽くさなければ、教師の職を務め終せるわけには行きますまい。」[8]

第三の条件は、金力を示す場合の「責任」であり、「私は金力には必ず責任が付いて廻らなければならないといいたくなります。」[9]と述べています。

以上の個人主義に係る三つの条件を総括して、漱石は次のようにまとめています。

「第一に自己の個性の発展を仕遂げようと思うならば、同時に他人の個性も尊重しなければならないという事。第二に自己の所有している権力を使用しようと思うならば、それに付随している義務というものを心得なければならないという事。第三に自己の金力を示そうと願うなら、それに伴う責任を重んじなければならないという事。つまりこの三カ条に帰着するのであります。これを外の言葉で言い直すと、いやしくも倫理的に、ある程度の修養を積んだ人でなければ、個性を発展する価値もなし、権力を使う価値もなし、また金力を使う価値もないという事になるのです。それをもう一遍言い換えると、この三者を自由に享け楽しむためには、その三つのものが無暗に個性を発展しようとすると、他（ひと）を妨害する、権力を用いようとすると、濫用に流れる、金力を使おうとすれば、社会の腐敗をもたらす。随分危険な現象を呈するに至るのです。[10]」

漱石は、これら三つの条件をさらに言い換えて「倫理的に、ある程度の修養を積んだ人でなければ、個性を発展する価値もなし、権力を使う価値もなし、また金力を使う価値もないという事になる」と強く訴えています。漱石は人間にとっての修養それ自体否定してはいません。「修養を積んだ人」は、すなわち幸福を求めて内容生活に邁進しようとする人間です。そして、そのような人間は、さらに「個人主義は人を目標として向背（従うことと背くこと）を決する前に、まず理非を明らめて、去就を定めるのだから、ある場合にはたった一人ぼっちになって、淋しい心持がするのです。[11]」と述べており、すなわち自己本位であるわけだから、すべて自分自身で決定して思考、行動して歩んでいかなければならず孤独であるということです。

（ウ）個人主義と国家主義の関連性

この講演録の締めくくりとして、漱石の個人主義の特徴としてどうしても見逃せないものが個人主義と国家主義との関係です。この両者は一般には対立的に捉えられがちです。しかし、漱石の唱える個人主義は、決して国家と対立する思想ではないということです。それを鮮明に表しているのが次の内容です。

「それからもう一つ誤解を防ぐために一言しておきたいのですが、なんだか個人主義というと国家主義の反対で、それを打ち壊すように取られますが、そんな理屈の立たない漫然としたものではないのです。一体何々主義という事は私のあまり好まない所で、人間がそう一つ主義に片付けられるものではあるまいとは思いますが、説明のためですから、ここには已むを得ず、主義という文字の下に色々の事を申し上げます。ある人は今の日本はどうしても国家主義でなければ立ち行かないようにい い振らしまたそう考えています。しかも個人主義なるものを蹂躙しなければ国家が滅びるような事を唱道するもの少なくありません。けれどもそんな馬鹿気たはずは決してありようがないのです。事実私共は国家主義でもあり、世界主義でもあり、同時に個人主義でもあるのであります。[12]」

その上で、個人と国家は状況に応じた相互関係性の中にあると漱石は考え、次のように論じています。

「個人の幸福の基礎となるべき個人主義は個人の自由がその内容になっているには相違ありませんが、各人の享有するその自由というものは国家の安危に従って、寒暖計のように上がったり下がったりするのです。（中略）国家が危うくなれば個人の自由が狭められ、国家が泰平の時には個人の自由が膨張してくる、それが当然のことです。[13]」

以上のように漱石は、個人と国家との関係は、その時代の状況に応じて変容するものと考えているのです。ただし、既に危機的状況を脱すれば、「国家は大切かもしれないが、そう朝から晩まで国家国家といってあたかも国家に取り付かれたような真似は到底我々に出来る話でない。[14]」ということになり、根本的には「個人」の尊厳を重視していることは揺るがないと私は考えています。それを証明しているのがこの講演を締めくくっている次の文章です。

「火事の起こらない先に火事装束をつけて窮屈な思いをしながら、町内中駈け歩くのと一般であります。必竟するにこういう事は実際程度問題で、いよいよ戦争が起こったときとか、危急存亡の場合とかになれば、考えられる頭の人――考えなければいられない人格の修養の積んだ人は、自然そちらへ向いていくわけで、個人の自由を束縛し個人の活動を切りつめても、国家のために尽くすようになるのは天然自然といっていいくらいなものです。だからこの二つの主義はいつでも矛盾して、いつでも撲殺し合うなどというような厄介なものでは万々ないとわたしは信じているのです。（中略）国家的道徳というものは個人的道徳に比べると、ずっと段の低いもののように見える事です。（中略）だから国家の平穏な時には、徳義心の高い個人主義にやはり重きを置く方が、私にはどうしても当然のように思われます。[15]」

以上のように、漱石は、国家的道徳と個人的道徳とは、そもそも相対立するものではないことを強く主張し、その前提として、個々人が「考えられる人」「考えないではいられない人格の修養を積んだ人」として自律し、徳義心を有していることが重要であることを指摘しています。そして最後に、漱石は、国家的道徳は個人的道徳に比べて低いとして、あくまで徳義心の高い個人主義を優先して考えていたことが明らかです。

注

1　夏目漱石『私の個人主義』講談社、一九七八年、一三四～一三五頁

宮山昌治氏（湖北大学）の論文『大正期におけるベルクソン哲学の受容』によれば、ベルクソン哲学の本格的な紹介は西田幾多郎の『ベルクソンの哲学的方法論』（一九一〇年、明治四四年）と『ベルクソンの純粋持続』（一九一一年、明治四五年）を嚆矢とするとしている。また、大正期の初期にはベルクソン哲学の大流行が起こったが、その数年後には突如終焉を迎えたとしている。

2　同前書、一三五～一三八頁

3　同前書、一四三頁

4 同前書、九七頁
5 同前書、一四四頁
6 同前書、一四九頁
7 同前書、一四五頁
8 同前書、一四五頁
9 同前書、一四五頁
10 同前書、一四七頁
11 同前書、一五二頁
12 同前書、一五三頁、世界主義とは、世界市民主義、英語ではコスモポリタニズム（cosmopolitanism）とも呼ばれる。人間は理性をもっている点で平等なので全ての人間は尊重されるべきであるという思想。コスモポリタニズムに賛同する人々をコスモポリタン（訳語は地球市民）と呼ぶ。近代ではカントが穏健なコスモポリタニズム的思想を打ち出した。
13 同前書、一五三頁
14 同前書、一五五頁
15 同前書、一五六〜一五六頁

（3）宮澤賢治の人間観・学習観

宮澤賢治（一八九六年―一九三三年、明治二九年―昭和八年）は、これまで多様な関心や視点から、主に童話作家、詩人、宗教家、化学者、農業指導者、そして教師などさまざまな賢治像が描き出されてきています。また、それに関する研究書や伝記、全集などが刊行されています。

ここでは、この宮澤賢治を、私がかねて関心をもつ教育の視点から、とくに彼の思想世界の中の人間観と学習観に絞って考えていきたいと思います。賢治は、「教育とは何か」と直接的に問うことはあえてしていません。しかし、彼が農学校の教師をしていることから考えれば、教育に関心をもっていなかったとは考えられません。賢治は、多くの作品を通して、「人間とは」、「学ぶとは」などについて私たちに示唆を与えてくれています。ここでは、とくに三作品（「学者アラムハラドの見た着物」、「銀河鉄道の夜」、「セロ弾きのゴーシュ」）を通して賢治のこれらの考え方について見ていくことにしましょう。

（ア）人間観～『学者アラムハラドの見た着物』を通して～

賢治の人間観を最もよく現していると思われる作品に、『学者アラムハラドの見た着物』があります。これは、彼の最晩年の作品であり、何度も推敲を重ねてついに完成されることのなかった作品の一つです。学者アラムハラドは、「学者」とはついていますが、物語の設定では町はずれの楊の林の中で、一一名の子どもたちを教える教師です。ちなみに、賢治が作品の中で「学者」「博士」という人物が登場するが、彼らは単に「教師」や「先生」と呼ばれる人物とは区別しているように筆者には感じられます。すなわち、「博士」

「学者」には、人間的にも知性的にも一定の敬意をもって扱っているということです。

ある日、アラムハラドは、子どもたちに対してさまざまなものの性質について尋ねます。一番目の火の性質についてはーそれは上がろう上がろう、照らそう照らそう、乾かそう乾かそうー、二番目に水の性質についてーそれは下に行こう、冷たくしようー、三番目は鳥の性質についてーそれは飛ばずにはいられないー、といったように順番に尋ねていき、最後に人間の性質について、「人間が何としてもそうしないではいられないことは一体どういうことだろう」と生徒たちに質問します。

まず、大臣の子のタルラという子どもが、少し具合わるそうに横の方を見ながら「人は歩いたりものを言ったりします。」と答えます。それに対してアラムハラドは、一応それをやさしく認めながらもさらに続いてタルラに、「たしかに人は歩かないでいられない、またものを言はないではいられない。けれども人にはそれよりももっと大切なものがないだらうか。むずかしいけれども考へてごらん。」とすすめます。するとタルラは、少し青ざめて「私は飢饉でみんなが死ぬとき若し私の足が無くなることで飢饉がやむなら足を切っても口惜しくありません。」と答え、アラムハラドはそれを聞きあぶなく涙を流しそうになります。

さらに、二番目の子どもブランダが、続いて「人が歩くことよりも言ふことよりももっとしないでいられないのは、いいことです。」と答えます。これに対してアラムハラドは、「さうだ。私がさう言はうと思っていた。すべて人は善いこと、正しいことをこのむ。善と正義とのためならば命を棄てる人も多い。おまへたちはいままでにさう云ふ人たちの話を沢山きいて来た。決してこれを忘れてはいけない。人の正義を愛することは丁度鳥のうたはないでいられないと同じだ。」と返答します。

　そして最後に、「どこか非常に遠くの方の凍ったやうに寂かな蒼黒い空を感ずる」セララバアドという子どもが、アラムハラドに「おまえは何か言ひたいやうに見える。云ってごらん。」といわれ、はじめびっくりしたようだがすぐ落ち着いて、「人はほんたうのいいことが何だかを考へないでいられないと思ひます。」と答えます。それに対して、アラムハラドは、眼をつぶりやがて眼をあけて、「うん。さうだ。人はまことを求める。真理を求める。ほんたうの道を求めるのだ。人が道を求めないでいられないことはちゃうど鳥の飛ばないでいられないとおんなじだ。おまえたちはよくおぼえなければいけない。人は善を愛し道を求めないでいられない。それが人の性質だ。」と子どもたちに話すのです。

　そして、授業終了後に、アラムハラドが自分の部屋に帰る途中で改めて眼をつぶると、その中に「はねのやうに軽い黄金いろの着物を着た人が四人まっすぐに立っている」のを見るのです。以上が、この物語の前半のあらすじである。[1]

　ここには、賢治の人間観がよく現れているのがわかります。つまり注目すべき点は、タルラ、ブランダ、セララバアドという三人のそれぞれの答えの内容とそれに対するアラムハラドの返答の言葉です。
まず、人間の性質についてのタルラの答えは、はじめは歩くことと話すことといった人間のいわば身体的性質についてでしたが、次の答えでは飢饉のために自らの足を捧げてもよいという人間の精神に関わる「自己犠牲」的なものに変化していることがわかります。それ自体、アラムハラドは否定してはいませんが、どこか足りないものがあることを暗示しています。ところで、「自己犠牲」に関して、しばしば賢治の思想をこの「自己犠牲」という概念で特徴づけようとする場合があります。しかしそれは、賢治の思想の一部を占めるものであるにしても、中核的概念としては認められないと私は考えています。その理由は、賢治の根本に「身を捨てる」ということ以上に、「身を生かす」ことをより重要視していたと考えられるからです。つまり、「身を捨てる」といった人生に対する消極的姿勢ではなく、「身を生かす」という人生に対する積極的姿勢がその根底に流れているということです。これに関連して、宮澤賢治の研究家である天沢退二郎氏は、著書『宮沢賢治の彼方へ』の中で、単に「自己犠牲」とはいわず、『よだかの星』を例に「他者の幸のための自己犠牲」と表現しています。[2]
しかし、「犠牲」という意味は、本来生命を空しく奪われるということであり、「自己犠牲」にどのような修飾語句をつけたとしても、それは賢治の「生かす」という考え方と根本的にズレがあるといわざるを得ません。賢治の人間観から考えても、「自己犠牲」を越えていたのであり、それはブランダとセララバアドの答えの違いが裏づけています。ブランダは、人間とは「いいこと」をしたいというところにその性質があると考えました。それは、言い換えれば、アラムハラドが述べているように「人は善いこと、正しいことをこのむ」性質があるということです。しかし、ここではあの『銀河鉄道の夜』の中で最後に川に飛び込んだカムパネルラの域を出ていないと私は考えます。つまり、各自がよいことが真のよさであると信じているレベルに留まっており、いわばそれが本当によいのかあるいは正しいのかを客観的に「問う」という段階には至っていないということです。その問題を賢治は、最後のセララバアドの、「人はほんたうのいいことは何だかを考えないではいられないと思います。」という答えをもって一気に突き破っていきます。私は、このセララバアドという生徒に匹敵する人物が、『銀河鉄道の夜』の中のジョバンニではないかと密かに考えています。そして、最終的に学者アラムハラドが、「人は善を愛し道を求めないではいられない。」ということで締めくくっています。

私は、とくに晩年の賢治の人間観の中核に、まさにこのセララバアドの答えがあると考えます。つまりそれは、本当に善いことは何かを考えないではいられない人間、まこと（真理）を求める人間です。まさにこれは「性向善説的人間観」に匹敵すると考えられます。では、こうした性質の人間にとっての「学習（賢治の言葉では「勉強」）」をどのように賢治は考えていたのでしょうか、次に検討してみましょう。

（イ）学習観〜『銀河鉄道の夜』と『セロ弾きのゴーシュ』を通して〜

では次に、賢治の学習観について具体的にどのような特徴があるかを、とくに『銀河鉄道の夜』と『セロ弾きのゴーシュ』という彼の代表的作品を通して考えてみましょう。

『銀河鉄道の夜』は、『学者アラムハラドの見た着物』と同様、賢治晩年の未完成の作品であり、銀河の夢の鉄道に乗ったジョバンニとカンバネルラを中心に繰り広げられる美しくも哀しい銀河系を舞台とした作品です。中でも、ジョバンニがカムパネルラと別れる場面が登場する「9．ジョバンニの切符」は、この作品の中心的な場面であるといえます。この中で賢治は、人間にとっての学習（勉強）の意味について暗示しています[3]。

カムパネルラが行ってしまい、ひとりぼっちになったジョバンニは驚きと悲しみとで泣いていましたが、そのところに「黒い大きな帽子をかぶった青白い顔のやせた大人」が、「セロのような声」でやさしく、カムパネルラを探してもむだであること、そして「あらゆるひとのいちばんの幸福をさがし」に出かけることをジョバンニに告げます。それに対してジョバンニは、「ああぼくはきっとそうします。ぼくはどうしてそれをもとめたらいいでしょう。」とその大人に尋ねます。すると、その大人は次のように答えています。多少長いが全文を引用します。

「ああわたくしもそれをもとめている。おまえはおまえの切符をしっかりもっておいで。そして一しんに勉強しなけぁいけない。おまえは化学をならったろう、水は酸素と水素からできているということを知っている。いまはだれもそれを疑やしない。実験してみるとほんとうにそうなんだから。けれども昔はそれを水銀と塩でできていると言ったり、水銀と硫黄でできていると言ったりいろいろ議論したのだ。みんながめいめいじぶんの神さまがほんとうの神さまだというだろう、けれどもお互いほかの神さまを信ずる人たちのしたことでも涙がこぼれるだろう。それからぼくたちのこころがいいとかわるいとか議論するだろう。そして勝負がつかないだろう。けれども、もしおまえがほんとうに勉強して実験でちゃんとほんとうの考えと、うその考えとを分けてしまえば、その実験の方法さえきまれば、もう信仰も化学とおなじようになる。けれども、ね、ちょっとこの本をごらん、いいかい、これは地理と歴史の辞典だよ。この本のこの頁はね、紀元前二千二百年の地理と歴史が書いてある。よくごらん、紀元前二千二百年のことでないよ、紀元前二千二百年のころにみんなが考えていた地理と歴史というものが書いてある。だからこの頁一つが一冊の地歴の本にあたるんだ。いいかい、そしてこの中に書いてあることは紀元前二千二百年ころにはたいてい本当だ。さがすと証拠もぞくぞく出ている。けれどもそれが少しどうかなとこう考えだしてごらん、そら、それは次の頁だよ。紀元前一千年。だいぶ、地理も歴史も変わってるだろう。このときにはこうなのだ。変な顔をしてはいけない。ぼくたちはぼくたちのからだだって考えだって、天の川だって汽車だって歴史だって、ただそう感じているのなんだから、そらごらん、ぼくといっしょにすこしこころをしずかにしてごらん。いいか[4]」

この内容からもわかるように、その大人はまず、ジョバンニに対して「一しんに勉強」することを奨めます。では、その「勉強」とはどのようなものでしょうか。ここでは二つの点を暗示していると思われます。一つは、賢治が「実験」と呼ぶ方法に基づく「科学的」な勉強です。もう一つは、現実の事実的知識を問うという「批判的」な勉強です。賢治は、これら二つを学習（勉強）する場合の中核に据えていることがわかります。そして、賢治は、知識の世界がジョバンニに開かれていくことを独自のファンタジックな描写によって次のように表現しています。

「そのひとは指を一本あげてしずかにそれをおろしました。するといきなりジョバンニは自分というものが、自分の考えというものが、汽車やその学者や天の川、みんないっしょにぽかっと光って、しいんとなくなって、ぽかっとともってまたなくなって、そしてその一つがぽかっとともると、あらゆる広い世界ががらんとひらけ、あらゆる歴史がそなわり、すっと消えると、もうがらんとした、ただもうそれっきりになってしまうのを見ました。だんだん早くなって、まもなくすっかりもとのとおりになりました。[5]」

そして、その大人は、最後に学習（勉強）の究極の目的についてこう語りかけます。

「さあいいか。だからおまえの実験はきれぎれの考えのはじめから終わりすべてにわたるようでなければならない。ああごらん、あすこにプレシオスが見える。おまえはあのプレシオスの鎖を解かなければならない。[6]」（傍点引用者）

プレシオスの鎖を解くということは、どういうことでしょうか。このことが賢治の最終的に目指すものだったと私は考えています。すなわち、生あるものの宿命ともいうべき「殺し合い」の連鎖を「生かし合い（支え合い）」の連鎖へと転換させ、すべての人々の幸福を目指すということです。賢治のいう人間にとっての「勉強」とは、究極的にはここに集約されると考えられます。

次に『セロ弾きのゴーシュ』の作品を通して、賢治の学習観を考えていきましょう。この作品は一九二五（大正一四）年頃のもので、彼が世を去った一九三三（昭和八）年に病床で推敲を加えて完成したものであるといわれています。これは、町の活動写真館でセロを弾く係りのゴーシュが、町の音楽会へ出す第六交響曲の練習過程で、さまざまな動物たちとの交流の中から次第に上達し、ついにその音楽会でも見事に演奏する話であり、一般には、賢治自身の自画像であるともいわれています。

この作品の中にも、先の『銀河鉄道の夜』の場合と同様、人間にとっての「学習（勉強）」の意味に関することが暗示されています。とくにここでは、人間が学んで成長していく際の姿勢ともいうべきものが暗示されていると考えられます。

この作品には、ゴーシュのセロの練習に関わる四種類の動物（三毛猫、かっこう（原文は「かつこう」）、狸の子、野鼠）が登場します。とくに注目すべき点は、これら四種類の動物に対するゴーシュの関わり方の心的変化にあります。順を追って、本文を引用しながら説明しましょう。

まず、三毛猫に対するゴーシュの態度です。ゴーシュは、と、猫に厳しく冷たい態度で応じています。

「誰がきさまにトマトなど持ってこいと云った。第一おれがきさまらのもってきたものなど食ふか。それからそのトマトだっておれの畑のやつだ。何だ。赤くもならないやつをむしって。いままでもトマトの茎をかぢったりけちらしたりしたのはおまへだらう。行ってしまへ。[7]」

ここには、まったく猫を受け入れないゴーシュの「利己的」な姿勢態度と余裕のなさがうかがえます。

次は、かっこうに対するゴーシュの態度です。

「『いやになっちまうなあ』ゴーシュはにが笑いしながら弾きはじめました。するとかっこうはまたまるで本気になって『かっこう　かっこう　かっこう』とからだをまげてじつに一生けん命叫びました。ゴーシュははじめはむしゃくしゃしてゐましたが、いつまでもつづけて弾いてゐるうちにふっと何だか鳥の方がほんとうのドレミファにはまっているかなという気がしてきました。（中略）黙れっ。いい気になって。このばか鳥め。出て行かんとむしって朝飯に食ってしまふぞ。[8]」

ここでは、はじめは先の三毛猫に対する態度と同じですが、その中にわずかに「ふっとなんだか鳥の方がほんとうのドレミファにはまっているかなという気がしてきました」と、やや自分の欠点を認めはじめて、三毛猫の場合のような完全な利己的な姿勢に対する反省の萌芽ともいうべきものが見られます。

三番目は、狸の子に対するゴーシュの姿勢です。

「ゴーシュさんはこの二番目の糸をひくときはきたいに遅れるねえ。なんだかぼくがつまずくやうになるよ。ゴーシュははっとしました。たしかにその糸はどんなに手早く弾いてもすこしたってからでないと音が出ないやうな気がゆうべからしてゐたのでした。『いや、さうかもしれない。このセロは悪いんだよ』とゴーシュはかなしさうに云ひました。すると狸は気の毒さうにしてまたしばらく考へてゐましたが『どこが悪いんだらうなあ。ではもう一ぺん弾いてくれますか。』『いいとも弾くよ。』ゴーシュははじめました。[9]」

この段階では、明らかにゴーシュの自己への素直な洞察といった心的変化が見られます。「愉快な馬車屋」という曲を狸の子と練習しているとき、狸の子に自分が遅れることを指摘されます。それに対してゴーシュは、前の二種類の動物の場合とは異なり、「いや、そうかもしれない」「いいとも弾くよ」というように、素直な心と穏やかな態度で狸の子の指摘を受け入れていることがわかります。

そして最後は、野鼠の親子に対するゴーシュの態度です。病気の野鼠の子どもを、なんとかゴーシュに診てもらいたいといって母親の野ねずみがゴーシュに相談します。それに対しゴーシュは、やさしく応じ、自分のセロの中に野ねずみの子を入れて、ゆっくりと穏やかに弾き始めます。やがて、その野ねずみの子は、病気もなおり元気を取り戻します。現代風にいえば、ミュージックセラピーということになるかもしれません。そして、ゴーシュはさらにその野鼠の親子に次のように語りかけます。

「ゴーシュはなんだかかわいそうになって、『おまえたちはパンをたべるのか』とききました。すると野鼠はびっくりしたやうにきょろきょろあたりを見まはしてから、『いえ、もうおパンというものは小麦の粉をこねたりしてこしらえたもので、ふくふくふくらんでゐておいしいものなさうでございますが、さうでなくても私どもはおうちの戸棚へなど参ったこともございませんし、ましてこれ位お世話になりながらどうしてそれを運びになんど参れませう』と云ひました。『いや、そのことではないんだ。ただたべるのかときいたんだ。ではたべるんだな。ちょっと待てよ。その腹の悪いこどもへやるからな。[10]』」

　このゴーシュの姿勢は、猫やかっこうの場合とはもちろん異なり、また狸の子の場合のように単に素直な自己洞察にとどまってはいません。ここには、「癒し」としての献身的、慈悲的・慈愛的な態度が読みとれます。それから六日目の晩、ゴーシュが所属する金星音楽団は町の公会堂のホールで首尾よく第六交響曲を仕上げ、ゴーシュ自身は団員の人々にその上達ぶりを賞賛されることになります。

　この作品は、かなり周到な計画のもとに作られた作品といえます。とくに教育の関心から見た場合、ゴーシュのセロの上達とゴーシュの四種類の動物に対する心的変化のプロセスとの関係は極めて密接に関連しているということです。すなわち、人間が何かを学び上達しようとする場合、決して利己的姿勢では達成できません。それは「慈愛（慈悲）的」姿勢の方向に向かって初めて達成されるものであるということです。しかし、それに向かう過程は、決して容易なことではないことを賢治は暗示しています。その間には自己との戦いがあり悩み苦しむものであり、まさに賢治のいう「修羅」的存在なのです。この作品は、「ああかっこう、あのときはすまなかったなあ。おれは怒ったんじゃなかったんだ。[11]」というゴーシュの謎めいた言葉で終了しています。これは、何を意味するのでしょうか。私は、これこそ先に述べた「修羅」的人間観を表していると考えます。

注

1 宮沢清六他編『新校本宮澤賢治全集9巻』筑摩書房、一九九五年、三三二〜三三五頁

2 天沢退二郎『宮沢賢治の彼方へ』ちくま学芸文庫、一九九三年、七三頁

3 『銀河鉄道の夜』は、第一次稿から第四次稿までの変遷を経て成立している。だが、第四次稿が、最終形であり得ても完成稿ではない。ここでは、物語性への関心以上に、賢治の学習観に関心があり、あえて　ブルカニロ博士が登場する第三次稿を使用した。

4 前掲書『銀河鉄道の夜』二三八〜二三九頁

5 同前書、二三九頁

6 同前書、二三九頁

7 前掲書『新校本宮澤賢治全集第11巻』、一九九六年、二二一頁

8 同前書、二二六〜二二七頁

9 同前書、二二九頁

10 同前書、二三二頁

11 同前書、二三四頁

（4）芥川龍之介の人間観・道徳観〜講演録「明日の道徳」を通して〜

芥川龍之介（一八九二年〜一九二七年、明治二五年〜昭和二年）は、『鼻』、『羅生門』、『地獄変』などの作品で知られるわが国を代表する小説家として知られています。芥川は

小説だけではなく、評論、俳句など幅広く作品を残しています。ここではとくに、教育の関心から、芥川龍之介の貴重な講演録である『明日の道徳』（一九二四年、大正一三年）を手がかりとして、氏の晩年の人間観・道徳観を考えていくことにしたいと思います。

『明日の道徳』は、芥川が三一歳のとき、東京高等師範学校付属小学校講堂で開催された第一二回全国教育者協議会での講演です。[1] 芥川は一九二七（昭和二）年に逝去（三五歳）しており、したがってこの講演は亡くなる三年前であり最晩年のものといえます。

『明日の道徳』の「明日」とは、氏も冒頭で説明しているように「次の時代という意味[2]」です。芥川はこの「明日」に対して「昨日」と「今日」という言葉をそれぞれ用いています。「昨日」とは明治期を、「今日」はもちろん大正末期をそれぞれ指しています。では、芥川のいう「明日」とはどのような時代なのでしょうか。

ちなみに、前年の一月から『文芸春秋』の巻頭に『珠儒の言葉』の連載を始めています。これは、昭和二年七月に自死するまで続けられています。なお、この年の九月に関東大震災が起きています。このとき、芥川は病身を押して町内（田端）の自警団に参加し、とくに朝鮮人虐殺事件に対して非難しています。彼は、この作品の中で、「修身」と題して道徳についても論じています。たとえばその中で、「道徳の与えたる恩恵は時間と労力との節約である。道徳の与える損害は完全なる良心の麻痺である。」「我我を支配する道徳は資本主義に毒された封建時代の道徳である。我我殆ど損害の外に、何の恩恵にも浴していない[3]。」と訴えており、個人の良心による道徳を尊重しながら、一方で資本主義、封建主義に基づく道徳を痛烈に批判していることがわかります。

大正末期は、一般的な歴史的理解からすると、我が国が治安維持法などによる思想統制が厳しくなり軍国主義の足音が聞こえつつある時代である一方、西洋からの民主主義、自由主義思想の影響により、いわゆる大正デモクラシーや教育界の大正自由教育運動など自由主義、個人主義の思潮が隆盛を極めてさらにそれが利己主義（エゴイズム）の思潮が主流となり変容していった時期です。こうした時代の中で、では芥川は、「昨日」「今日」、そして最終的に「明日」の道徳をそれぞれどのように考えていたのでしょうか。

（ア）昨日の道徳（江戸時代～明治期における道徳）について

まず芥川は、明日の道徳の特徴を論じる前提として、明治期の道徳を「昨日の道徳」と呼び、その特徴と問題点を次のように論評しています。

「明日の道徳を考へる前に、昨日の道徳を考へて見ますと、昨日の道徳はどう云ふものでありませう、先ず大握みに明治期の道徳はどう云ふものかと云ふと、それは色々な人が言ひますやうに、封建主義の道徳であります。此の封建主義の道徳は、今日の目より見ますと、甚だ実際を離れた、或は甚だ理想的に出来上がった、実践上困難な道徳であります。と申しますのは、忠臣孝子烈女と云ふが如き、理想的の人物を一つの目安に立てて、其の典型的人物に已れを合せしめるに努力するのでありますが、なかなかさう云ふ道徳的標準から見て、完全な行為は出来難いのであります。（中略）（封建主義の道徳）の保存せしめた条件は何かと申しますと、それはいろいろありましたらうが、最も著しいものを引出すと、批判的精神の欠乏ではないかと思ひます。[4]」

（傍点引用者）

芥川は、明治期の道徳を「封建主義の道徳」と呼び、具体的な特徴として「甚だ実際を離れた、或は甚だ理想的に出来上がった、実践上困難な道徳」と説明しています。一つ興味深いのは、その前置きとして「色々な人が言ひますやうに」という点です。これは大正末期のいわゆる自由主義・個人主義を中心とした思想的特徴を暗示したものといってもよいと考えます。また、芥川は当然漱石と交流する中で、氏の道徳観を含めさまざまな考え方についてては認識していたでしょうし、漱石からの影響も少なからず受けていたと考えられます。しかし、明治時代の道徳に対する評価は、漱石が江戸時代の道徳と比較して肯定的に捉えているのに対して、芥川はかなり否定的であり両者は対照的です。なお、芥川自身のいう「昨日の道徳」の中には、江戸時代も含まれていることは事実であり、江戸時代から明治時代を通して「批判的精神の欠乏の時代」と捉えています。それは次の文章からも明らかです。

「（江戸時代は）元来階級的差別があって、上の人は吾々と同じ人間かどうかわからないものになって来た上、さういふ人工的方法を加へて、人間性を蔽ふに至っては、分からなくなるのは当然と思ひます。それ等の原因の合した結果、生まれてきたものが昨日の道徳であります。」[5]

芥川が江戸時代から明治時代の道徳を否定した背景については、先にも述べたように当時広まっていた自由主義や個人主義、あるいは利己主義（エゴイズム）の思想の影響があると言ってよいでしょう。事実芥川は、次のように講演で主張しています。

「私が高等学校、大学に居った時分は、旧い道徳に代わって新道徳が興って、勢のよい気分に満ち満ちた時代であります。其時分の色々の出版物を見て、一番沢山出た言葉は何かと云ふと、「我」という言葉でありまして、何事も必ず「我」を主張したのであります、雑誌には「エゴ」すなわち「我」といふのが出る。本には京都の朝永三十郎氏*の書いた近世に於ける「我」の発達史等といふものが出る。後年菊池寛が「我鬼」といふ小説を出版したが、あれもその名ごりであります。」[6]

＊　朝永三十郎氏（一八七一～一九五一年）哲学者、京都帝大教授。西洋哲学の権威。（『芥川龍之介全集第十二巻』岩波書店、一九九六年。参照）三一一頁。

ところで、芥川の道徳観の中核の一つと考えられる概念は「批判的精神」であり、明治期の道徳はその欠乏が問題であると指摘しています。ここには彼の人間観も垣間見ることができます。芥川は、その具体的な現れ方について、次のように説明しています。

「批判的精神の欠乏の現れ方を観察すると、先ず縦に時間的に考へれば、吾々から遠ざかった過去の人間、すなわち過去の忠臣、過去の孝子、過去の烈婦といふものを吾々と同じ血肉を具へた人間だとは考へずに、何か神様の生れ代りのやうに考へるのです、（中略）さらに又横に空間的に考えると、自分の居る町を離れては、交通機関が不便でありますから、山の向ふには八犬伝の中の人物が、向ふ三軒両隣に住んでいるが如き感じを起したのです。況や万里の波濤を隔てた支那などには二十四孝と云ふ事も実際あったと思ったのでせう。[7]」

以上のように、芥川は批判的精神の欠乏の具体的な現れ方について、縦の時間と横の空間の両面から、過去の人間に対する偶像崇拝および非実在への盲目的親近感や敬慕について説明しています。

ちなみに、芥川が使用する「批判的精神」とは、批判という字自体「批（事実を突き合わせる）」「判（見分け定める）」という意味合いから、物事や情報を無批判に受け入れるのではなく、多様な角度から事実を精査検討し、論理的・客観的に理解しようとする人間内部の心的働きと捉えることでできます。芥川は、明治維新時代の人物を比較的評価しており、林子平*や村田清風**などを引用して「批判的精神に満ちたリアリスト[8]」と表現しています。

＊　林子平（一七三八～九三年）江戸中期の経世家。「三国通覧図説」（一七八五年）、「海国兵談」

（一七八六年）をあらわし、日本の沿岸防備を説いた（同前書、参照　三一〇頁）。
＊＊村田清風（一七八三〜一八五五年）江戸後期の長州藩士。一八四〇年、実務役人の最高位である当役用談役の中枢にあって、財政を立て直し、富国強兵を推進し、維新を先駆する国力を養う（同前書、参照　三一〇頁）。

また芥川は、当時の学校の修身科の授業について二宮金次郎を例としてあげ、自らの小学校時代を想起しながら次のように批判しています。

「私は小学校の時代に、二宮金次郎を教へられました。金次郎のおやぢ、――おやぢと言っては失意でありますが、お父さんは如何なる人か分からない。兎に角貧乏であった事は事実であります。それが為に金次郎は、田を植えたり草鞋を作ったりして、其の間に本を読んで、ああ云ふ偉い人になったと教へられました。私共も金次郎の轍を履んで、如何なる難義辛苦しても、本さへ読めば偉くなる事と思ひましたが、併しあれは今日考へると、親のためには甚だ都合が好くて、子供の為には都合が悪い道徳であります。今日は不幸にして小学校の教科書を失って、読む機会はありませぬが、金次郎を賛美する前に、田を植えたり草鞋を作ったりしなければならぬ家庭に、金次郎を陥れた、金次郎の父並びに母に憤慨を感ずるだらうと思ひます。」[9]

いかにも、芥川らしい皮肉をまじえた内容です。二宮金次郎のような特定の人物を偉人として祭り上げて、「こういう人間になりなさい」と上から教訓的な説話によって押し付ける、いわゆる国家主義的徳目主義の道徳を「昨日の道徳」あるいは「旧時代の道徳」と呼んでおり、大正末期の今日ではこうした道徳は馴染まず問題であると芥川は主張しています。

では、芥川が言う「今日の道徳」とはどのようなものなのでしょうか。

（イ）今日の道徳（大正末期の道徳）について

次に、芥川が論を進めているのは「今日の道徳」、すなわち大正末期の道徳です。芥川は、今日の道徳は、昨日の道徳の反動として発生したものとまず指摘し、さらに次のように述べています。

「其の今日の道徳とは如何なるものかと言ふと、一言すれば個人主義の道徳であります。（中略）それを成立せしめる条件、それは何かと云ふと、前の封建時代の道徳を成立せしめた、批判的精神の欠乏の当然の帰結として、批判的精神の覚醒であります。」（傍点引用者）

芥川は、大正末期の道徳の特徴を「個人主義の道徳」と呼び、また「批判的精神の覚醒」と表現しています。では、その批判的精神を覚醒させた要因は何か。芥川はさまざまあるが、その「著しいもの」として「西洋文明の恩恵」をあげ、とくに自然主義の思潮であると論じています。芥川は、文芸の視点から自然主義の文芸を強調しており、それはいわゆる自己の内面をありのままに告白することに主眼が置かれた点に特色があるものと考えられます。事実彼は、自分の高等学校、大学時代を自然主義以後の時代と位置づけており、古い道徳に代わって新しい道徳が勃興し、「勢のよい気分に満ち満ちた時代でありま す」[11]と表現しています。その上で芥川は、次のように論じています。なおこの引用文はすでに注4）で掲示したものですが、あえて論の流れからここで再度引用しておきます。

「其時分の色々の出版物を見て、一番沢山出た言葉は何かと云ふと、「我」という言葉でありまして、何事も必ず「我」を主張したのであります、雑誌には「エゴ」すなわち「我」といふのが出る。本には京都の朝永三十郎氏の書いた均整に於ける「我」の発達史等といふものが出る。後年菊池寛が「我鬼」といふ小説を出版したが、あれもその名ごりであります。[12]」

ここで注目すべき点は、「我（エゴ）」という言葉である。芥川は、「我（エゴ）」をどのように捉えていたのでしょうか。芥川は、あくまで個人主義の道徳の中心に「批判的精神」を置いており、その点では彼自身ぶれてはいませんが、今日の道徳（この場合は「大正末期」）を考えるとき、すでに批判的精神自体が無批判的でエゴイズムの方向に流れてきていると現状を捉えています。無批判の方向に流れる要因として、芥川はとくに当時の「センチメンタリズム（感傷主義）」にあると指摘し、次のように論じています。

「併し茲に甚だ困った事には、人間といふ者は甚だセンチメンタルな動物でありま

> す。元来センチメンタリズムは、——日本語にすれば感傷主義ですね——その感傷主義は批判的精神とは両立しない筈であります。しかし前人が批判的精神で捉えたものを後人が継承する。例へば私が私の批判的精神を働かして、或現実を捕へたものを書いたとする、あなた方がそれを読んで、成程尤もだと思ったとする、その尤もだと思ったあなた方が最初に言あげをした私程批判的精神に富んで居るかどうかは疑問であります。（中略）批判的精神の覚醒から生まれた今日の道徳或は個人主義の道徳と雖も、この吾々のセンチメンタリズムの為めに、頗る無批判的方向へ発展しないとは限りません。其の辺はよく御理解の事と思ひますが、（以下略）」[13]（傍点引用者）

このように批判的精神に基づく個人主義が、センチメンタリズム（感傷主義）によって頗る無批判的方向へ発展しないとは限らないと警告していることがわかります。ちなみに、センチメンタリズムとは、一般に「感傷主義」と訳され、知性や理性よりも感情や感覚を優先する心理的傾向を意味します。芥川がいうセンチメンタリズムは、先に紹介したように当時流行していた自然主義思潮、すなわち「我」や「エゴ」に関連したものと言ってよいと考えられます。とくに人間の弱さや醜さをありのままに表現したり、自己の快不快を原理とした行動を極端にとるものです。ちなみに、彼の著名な作品『羅生門』の中にも、「今日の空模様も少なからず、この平安朝の下人のSentimentalismeに影響した」[14]というようにフランス語で表現しています。これに関連して、芥川は次のように論じています。

「併し昔の人は、自分の弱点を口に出さなかったのみならず、人に知られる事を欲しなかった。自分自身でも自分に弱点の存在する事を、否定せんとしてゐた。併し今日の吾々は平然と弱点をさらけ出して居ります。はなはだ著しい証拠は近来新聞の広告を見ると、其の広告の標語になって居るものは、人間的といふ事であります。さう云ふ雑誌が里見淳君や久米正雄君主宰となって出した事もあります。」[15*]（傍点引用者）

＊「人間」。一九一九年一一月創刊。一九二二年六月まで通算二四冊発刊。里見淳、吉井勇、久米正雄、田中純を中心に、思想、主義にとらわれない人間主義をかかげたが、技巧派的関心に傾斜していった（同前書、参照　三一一頁）。

この内容でとくに興味深い点は、「平然と弱点をさらけ出して居ります」と「人間的」という表現です。前者については、「平然と」という言葉は、ある意味「無批判」に近いものと捉えることが可能であり、芥川は必ずしも無批判的に自己の弱点をさらけ出すことに対して基本的には肯定的ではありません。後者の「人間的」という言葉も、前者に関連させて無批判的に自己の弱点をさらけ出すことを人間的と捉えることに対して、芥川自身批判的であることが理解できます。芥川は、むしろそれは「人間的といふよりは動物的」[16]であると表現し次のように論じています。

「人間的といふ言葉を考へて見ると、人間的の苦、人間的の悲しみを書いた筋でありますから、実際書いてあるかと思って読むと、中の主人公の苦や悲は、どうもあまり人間的でない場合が多い、（中略）そうではなくて人間的といふよりは、寧ろ動物的なる主人公が出てくる場合が多い。[17]」（傍点引用者）

芥川の道徳観の特徴をこれまでの内容から、いったん整理しておきたいと思います。第一は、明治時代までの古い道徳については否定的であること、第二は、今日の道徳において批判的精神に基づく個人主義の道徳を肯定していること、第三は人間の快や幸福を求める欲求についても肯定的であること、そして第四は無批判的に自己の弱点をさらけ出す極端な「我」や「エゴ」については批判的であり、それは人間的というよりはむしろ動物的であること、以上四点がこれまでの芥川の道徳観の特徴と考えられます。

では、芥川が考える「人間的」とはどのようなものであり、またそれに基づく彼の道徳の観方とはどのようなことか、「昨日の道徳」、「今日の道徳」と比較しながら「明日の道徳」について次に考えてみましょう。

（ウ）明日の道徳について

「中正」への関心

まず芥川が、明日の道徳を考える上で「中正」という概念を使用している点に注目したいと思います。具体的には、効果的な比喩を用いながら、人間にとっての「中正」について次のように論じています。

「かやうに不幸なる吾々は何時もセンチメンタリズムに動かされてゐる。丁度馬に乗らうとする時に、右から飛び乗れば左へ飛び過ぎ、左から飛び乗れば右へ飛び過ぎ、何時も鞍を飛超えて仕舞ふやうに兎角中正を失ふのです。或は人間と云ふ者は永久に馬に乗れないかも分かりません。併し地球の亡びる迄には五六百万年ありますから、先ず今日の歴史を以て将来を判断する事は、どうかと思ひますので、差当たり馬に乗れる工夫をする方が宜からうと思ひます。[18]」（傍点引用者）

ここでは、乗馬の比喩でもわかるように、常に人間は道徳の考え方において左右に「飛び過ぎ」て鞍に乗れない状況にいると指摘し、また永久に乗れないかもしれないとも警告しています。では、「差当たり馬に乗れる工夫」とは、一体どのようなことなのか。この点については、次の節で述べることにします。芥川はさらに続けて次のようにも論じています。

「此のセンチメンタリズムが或道徳的観方に加えられる。さうすると時勢が滔々（とうとう）として、それに動かされて極端な方向に走る。其処へ今度はそれに反対する先生が出てきまして、又其の潮流を抑へやうとしまする事は、何れの国の歴史へも現はれて居るのであります。[19]」

芥川は、「何れの国の歴史へも現はれて居る」と述べ、この極端な方向に流れる二律背反的に極端な方向の連続で歴史が繰り返されている傾向は、日本だけの問題ではなく世界的傾向であると指摘しています。

（エ）利他主義・共存主義の道徳

以上のように、芥川は、極端な方向の連続で歴史が繰り返されていく傾向については、人類の歴史上「事実」として起こりうるものであり、何らかの変容を伴って進むものという認識をもっていたと考えられます。もちろん芥川は、現実つまり今日の道徳がそのままでよいとは考えておらず、あくまで彼の思想の中核には人間的でありかつ中正的な道徳を求めていたことも事実です。

芥川は、既に述べたように大正期全般の道徳の特徴を「今日の道徳」と称し、批判的精神に基づく個人主義的道徳と考えており、とくに大正末期になるとセンチメンタリズムの影響により「我」や「エゴ」が過度に強調されてきたと考えています。その内容を踏まえて、先のような歴史認識に従えば、明日の道徳は「今日の道徳」とは異なった、あるいは反対の道徳観が現れてくることになります。事実芥川は、次のように明日の道徳についてその特徴を具体的に論じています。

「今日の道徳が個人主義的の道徳なりとすれば、明日の道徳は、此個人主義的道徳に反対であることは、創造するに難くないと思ひます。而して明日の道徳は、個人主義・・・

と利己主義とは別でありますが、適当な言葉がありませぬから、それを使ひますが、今日より利他主義的な或は共存主義的な道徳である事も、容易に看取する事が出来ると思ひます。尤も前に申上げたやうに、今日、明日と云ふ差別はぼんやりして居りますから、必ずしもまだ明日の道徳が始まらないのではない、始まりつつあることも考へられます。同様に明日の道徳を有って居る人も多いのに違ひありません。既に明日の道徳が、今日の個人主義の道徳と反対のものと申しますと、明日の道徳は昨日の道徳を其の儘繰返すかと云ふ、御質問があるかも知れませぬが、歴史は厳密に同じ事を繰返さないのでありますから、明日の道徳は其の個人主義でない点に於て、今日の道徳に異なるにしても、其の前の昨日の道徳をその儘継承する事は、もちろん無いと思います。」[20]（傍点引用者）

芥川はまず、個人主義と利己主義は異なると述べていますが、これはまさに先に説明した芥川が主張する批判的精神に基づく個人主義的道徳と、とくに大正末期のセンチメンタリズムの影響による「我」や「エゴ」が過度に強調された道徳を区別したものと理解することができます。また、明日の道徳が利己主義とは対照的な「利他主義」あるいは「共存主義」に基づく道徳を特徴とするものであり、すでに「始まりつつある」とも述べている点は大変興味深いところです。事実、この大正末期には芥川だけではなく、先に紹介しました宮澤賢治をはじめ、文学者の中にもコスモポリタン的な考え方による利他主義を主張する思潮がありました。その背景には、国外では世界を巻き込んだ大規模な第一次世界大戦の勃発、国内では関東大震災の自然災害などもあると考えられます。さらに芥川は、「其の前の昨日の道徳をその儘継承する事は、もちろん無い」とも述べています。これはどういうことでしょうか。これはすなわち、利他主義、共存主義の道徳は、封建時代の無批判的な権威主義的、徳目主義の道徳ではないことを意味していると筆者は考えています。この点に関して、芥川は次のように論じています。

「此の辺の理解のない道徳家、時に堂々たる道徳的大家は、今日日本国民の道徳の、弛緩を覚ます為めに、全国民に論語を読ませ、孔子の廟でも興したら、もっと国民思想を善導する事が出来るであらうと云ふ議論を述べますが、其の議論の滑稽である事は、論を俟たないと思ひます。[21]」

そして芥川は、最終的に、「明日の道徳」について、「明日の道徳は個人主義的の道徳でない事は、今申す通りであります。それは如何なる道徳かを申し上げるのは、私の任でないかも知れませぬが、少なくも是だけは、何等危険なしに申す事が出来ると思ひます。[22]」と前置きして、最終的に次のように主張しています。

「たとひ国家とか家族とかを中心にしたとしても、兎に角大勢の人が集って立って居る或社会的団体を、目標に置いた道徳であると云ふ事だけは、確かであらうと思ひます。（中略）日本の現在の道徳状態は複雑な、又可なり混沌たるもののある事は明であります。（中略）真に国を憂へる士なら、今日の日本の道徳的状態の収拾すべからざる光景には、浩歎（こうたん）の声を発せずには居られないではないかと思ひます。でありますから吾々――と云ふのは、あなた方も含めて言ふのでありますが、差当たり私共は此の国民の為めに、昨日、今日、明日の道徳を整理する必要上、先づ少なくともセンチメンタリズムを離れて何事も有りの儘に見る事を天下に教へる――と云ふと偉さうで、又教へやうと思ってもなかなか覚えて呉ませぬが、兎に角心懸けだけは、天下に教える積りで立ちたいと思います。[23]」（傍点引用者）

ここで芥川は、「明日の道徳」とは、「大勢の人が集って立って居る或社会的団体を、目標に置いた道徳である」と明言しています。では、これは一体どのような道徳なのでしょうか。その手がかりになるのが、先にも紹介した「利己主義」による個人主義に変わる「利他主義」あるいは「共存主義」の道徳ということです。すなわち、「大勢の人が集って立って居る或社会的団体」とは、個々人が批判的精神をもち、センチメンタリズムに流されることなく、他者と共存するさまざまな集合体ではないかと筆者は考えます。そして、芥川は、当時の道徳の状態が渾沌としていたからこそ、「センチメンタリズムを離れて何事も有りの儘に見る事」が重要であり、これまで繰り返されている我が国の道徳の歴史を感傷的なものを持ち込まず、客観的に整理していく必要があるとも論じています。つまり、これまで歴史的に人間にとって問題であると考えられた道徳を繰り返さないことが重要であることを認識していたのであり、またあるいは芥川は、自身が考える「明日の道徳」とは全く異なった道徳に今後進んでいく危険性も予見していたのかもしれません。

つまり、芥川は、この当時の渾沌とした道徳的状態の中で、「中正」としての道徳、利他主義、共存主義の道徳を認識しながら、まず今やらなければならないことはとくに「差当たり馬に乗れる工夫」であり、冷静に事実を客観的に捉えるところから始めなければならないということを訴えていたと考えられます。

以上、講演『明日の道徳』を手がかりとして、芥川龍之介のとくに晩年の人間観と道徳観について見てきました。

今回芥川の道徳観を考察して第一に気づくことは、あくまで文芸的視点から鳥瞰的ではありますが、わが国の道徳の思想的展開をかなり客観的に捉えていると同時に、氏の歴史観の一端も垣間見られるという点です。とくに大正期の道徳の特徴については、詳細に分析されていることがわかります。すなわち、「個人主義」「批判的精神」「エゴ」「我」「センチメンタリズム」「人間的」「動物的」などの用語を通して、大正初期頃と末期では変容してきているということです。第二に気づくことは、芥川が利他主義や共存主義を期待していたということです。彼の初期の作品などからは個人主義や利己主義を想起させるものが多いように感じますが、晩年になると彼の道徳観も変容してきたと考えられます。そして第三に気づきことは、センチメンタリズムに対する芥川の警戒心です。芥川は、人間の心理的傾向として必ずしも人間の快不快といった人間の基本的欲求を否定しておらず、むしろ人間的という意味で肯定しています。ただ彼が警戒しているのは、道徳という人間個々人の理性的判断に基づく実践的行為を考慮した場合の問題です。すなわち、知性や理性を軽視して感情や感覚を極度に優先していった場合、人間における道徳はエゴや我によるいわば価値相対主義の道徳になってしまうという問題です。以上の三点を総合的に考えた場合、晩年の芥川龍之介がいかに各時代の道徳を鋭く分析し洞察していたかがわかります。

現代においても、とりわけ芥川の第二と第三の指摘については、私たち一人一人が改めて真摯に受けとめ、考えつづけていかなければならない重要な課題であると考えます。

注

1 『芥川龍之介全集第十二巻』岩波書店、一九九六年、三八〇頁
2 「明日の道徳」(『芥川龍之介第十二巻』岩波書店、一九九六年所収)、四頁
3 前掲書「明日の道徳」(『芥川龍之介全集第十二巻』)、四～五頁
4 芥川龍之介『侏儒の言葉・西方の人』新潮文庫、一九六八年、一二頁
5 前掲書「明日の道徳」(『芥川龍之介全集第十二巻』)、六頁
6 同前書、一〇頁
7 同前書、六頁

8 同前書、七頁
9 同前書、八～九頁
10 同前書、九頁
11 同前書、一〇頁
12 同前書、一〇頁
13 同前書、一二～一三頁
14 芥川龍之介『羅生門』角川文庫、一九八九年、三七～三八頁
15 前掲書「明日の道徳」（『芥川龍之介全集第十二巻』、一一頁
16 同前書、一五頁
17 同前書、一六頁
18 同前書、一四頁
19 同前書、一四頁
20 同前書、一八頁
21 同前書、一八頁
22 同前書、一九頁
23 同前書、一九頁

（5）牧口常三郎の人間観・教育観・教師観

次に取り上げる牧口常三郎（一八七一年－一九四四年、明治四年－昭和一九年）は、現

在先の四名の思想家に比較してあまり知られていないかも知れません。しかし、この人物が現代に広く及ぼしている影響力は間違いありません。近年さまざまな分野で「価値創造」という言葉を目にすることがあります。最近私の所に送られてきたある国立大学のパンフレットの表紙にもこの言葉が使われていました。おそらく教育思想家としてこの言葉を自身の教育思想の根幹に据えて論じた人物は、この牧口が初めてではないかと考えます。

牧口常三郎は、現在一般に創価学会の前身である創価教育学会の創始者、あるいは地理学者として知られています。しかし、彼の生涯を知るとき、すぐれた教師および教育学者としての人間像が浮かんできます。しかも日本のデューイと称される人物でもあります。とくにここでは、牧口の人間観と教育観に絞って紹介していきたいと思いますが、先にも述べましたように、どのような経歴の人物か知らない方も多いと思いますので、少し経歴を紹介しておきます。

（ア）牧口常三郎の略歴

牧口常三郎は、一八七一（明治四）年、新潟県刈羽（かりわ）郡荒浜村（現在の新潟県柏崎市荒浜）で生まれました。父は渡辺長松という船乗りであり、彼はその長男で長七と名づけられました。やがて長七は、小樽（函館に次ぐ港町）にいた父長松の弟渡辺四郎治（どのような人か不明）を頼って北海道に渡り、小樽の警察署の給仕として働くことになります。一八八九（明治二二）年、一八歳のときに、小樽郡長であり小樽警察署長でもあった森永保の推挙により北海道尋常師範学校[*]に第一種生として推薦入学します。このとき、長七は教育学の授業でジョホノット[**]の教育理論に感激します。

＊　当時の校長は山名次郎、福澤諭吉の信奉者。「社会教育」という言葉を最初に使った人。「尋常師範学校生徒募集規則　第一種区長ノ推挙ニ係ルモノ　第二種直ニ師範学校ニ願出タルモノ」

＊＊ゼームス ジョホノット著、高嶺秀夫訳『教育新論』東京茗渓会、一八八五年二月巻之一、一八八五年六月巻之二、一八八六年九月巻之三、一八八六年一一月巻之四。東京師範学校ではジョホノット教育理論によって開発主義カリキュラムのあり方が研究された。ジョホノットは、カリキュラムについて「理学ノ課程」（金石学・植物学・動物学・化学・物理学）、「哲学ノ課程」（哲学即人事の学で、地理学・歴史・文学・政治・心理学）、「語学ノ課程」（口頭の使用・作文の使用・古文及修辞）、「数学ノ課程」（算術・幾何・代数・三角術）、「美妙学ノ課程」（図画・唱歌等）の五課程によって編成することを一般原則として打ち立てた。五課程は人間発達の五領域であり、これを調和的に発達させるカリキュラムが提案され、東京師範学校で実施された。

一八九二（明治二五）年、長七二一歳のとき、教生として教壇に立ち、そのとき文型応用主義[*]による作文指導法を考案します。文型応用主義とは、このような新米教生の苦い経験から生まれたものでした。具体的には、まず市内の「新川」（明治四年に引かれた人工の農業用水路）の題で教師が模範の作文を示し、次に「創成川」（幕末に飲料用水として引かれた水路）の題で、教師と児童が一緒に作り、最終的には、「豊平川」（自然の川）の題で、児童自身が書くというものでした。すなわち、「身近なものから遠くへ」、そして「(読書→書き取り→改作→自由作文)という順序に従って人間と自然との関係生を重視した方法でした。一八九三(明治二六)年、二二歳の長七は名前を常三郎(つねさぶろう)と改め、この年、師範学校を卒業し、付属学校の訓導となります。教師生活に入った牧口は複数の学年を一緒に教える複式学級(単級学級)を担当し、同時にその研究(単級教授の研究)ならびに地理学の研究を始めます。その三年後には、文部省の師範学校、高等女学校、中学校の検定試験(地理科)に合格して、教員免許を授与され、翌年北海道師範学校の助教諭を兼任することになります。一八九六(明治二九)年、二五歳になった牧口は、六月文部省の中等学校の地理科検定試験に合格、さらに文部省の師範学校、高等女学校、中学校の検定試験にも合格し、同年牧口熊太郎の二女クマと結婚しています。さらに二八歳のとき、文部省小学校教員乙種検定委員となり、七月には北海道師範学校付属小学校主事事務取扱(校長)となります。

一九〇一(明治三四)年、三〇歳の牧口は、師範学校教諭兼舎監を退職し、北海道時代に書きためた二千枚にも及ぶ地理学の原稿を持参して妻子を伴って上京し、地理学書として著名な志賀重昂(しがしげたか)に『人生地理学』の校閲を依頼し、また序文も寄せてもらい『人生地理学』を出版しました。『人生地理学』は、人間を取り囲む自然環境や風土が人間形成に大きく影響しているという視点から、自然の地形から始まり、動物、植物、人類、そして社会、産業、文明の問題に至るまでを記述した大著でありこんにちでも地理学の名著として知られています。

この頃牧口は、茗渓会（東京高等師範学校同窓会）の書記、雑誌の編纂、中国人向けの学校宏文学院の地理科講師、女学校講義録（現在の通信教育の一種）の編纂等の仕事を転々とし、やがて一九〇九（明治四二）年、三八歳のとき、牧口は東京市富士見尋常小学校主席訓導の後、文部省図書局に入り、地理の教科書の編纂の仕事に携わるようになります。なおこの年、郷土研究のために創設された「郷土会」というサロン風の勉強会で柳田国男、新渡戸稲造、折口信夫らと親交を深めています。

こうした影響を受けて、牧口は一九一二（大正元）年、四一歳のとき、『教授の統合中心としての郷土科研究』（以文館）を出版しています。翌年には、東盛尋常小学校の第三代校長兼下谷第一夜学校校長に就任、一九一六年には大正尋常小学校初代校長（後に専任）にも就任し、この頃「文型応用主義」や「骨書き主義」などの指導を行いながら『地理教授の方法及内容の研究』を出版しています。

一九一八（大正七）年、牧口四七歳のとき、教育学者である沢柳政太郎を会長とする教育研究会からの依頼で「台湾の地理」と題して研究授業を行い好評を博し、その授業を参観した沢柳は、「余は十数年間全国の諸学校の実際授業を観たが、今日のごとき会心の授業を観たことがない。畢竟、教授法ばかりでなく、地理学の造形の深きに基づく」と述べたといわれています。またこの年、東京市大正尋常夜学校長を兼任しています。翌年、西町尋常小学校の校長になりますが、この間に地元の実力者の子弟を特別扱いしなかったことなどの理由で、政治家の暗躍による校長排斥運動が起こってしまい、わずか六ヶ月で特殊学校の三笠尋常小学校（夜学校校長兼任）へ移ることになります。この小学校は、貧困家庭のための特殊学校でした。授業料なし、学用品、教材、理髪、薬品それに浴場代も支給されるような学校で、牧口は自分の給料から児童のために食べ物を運んだりしました。

その後、一九二二（大正一一）年には、「郷土会」のメンバーであった前田多門（東京市助役）の推薦で、五〇歳のとき、白金尋常小学校の校長に就任した牧口は、やがて研究として結実する創価教育学の実践を国語科や地理の授業で試みていきました。一九二八（昭和三）年、牧口は目白商業校長・三谷素啓の紹介で日蓮正宗に入信します。この最大の理由は、彼がそれまで考えてきた人生観、道徳観、世界観に日蓮正宗の考え方が合致したからであったと考えられます。二年後、五九歳の牧口は、戸田城外と二人で「創価教育学会」を設立、同時期に『創価教育学体系第1巻』（以後、昭和九年までに全四巻を出版）を刊行しました。彼は、当時の教育学を「二階から目薬」と批判し、また「百害あって一利なし」として視学無用論を唱え、さらに教育方法などで文部行政に批判的であった彼には敵も多く存在しました。一九三一（昭和六）年付けをもって、一年後に廃校の決まっていた新堀尋常小学校の校長に転任させられました。新堀尋常小学校は、三笠小学校と同じく貧困家庭の子どもを対象とした学校で、夜学校も併設されていました。牧口が赴任した翌年の昭和六年に同校は廃校となり、六一歳の彼は長年の教員生活から離れることになります。

一九三七（昭和一二）年、六六歳のとき、『創価教育法の科学的超宗教的実験証明』を刊行し、次第に教育改革から生活改革、社会改革へ拡大していきました。一九三九（昭和一四）年、「創価教育学会」の第一回総会が東京・麻布で開催され約六〇名が参加しました。この頃には、犬養毅や鳩山一郎をはじめ、政界、財界の大物、著名な文化人たちが創価教育学会を支援していました。一九四一年には、機関紙『価値創造』を発刊し、日蓮仏法の教えを根底に自他共栄の全体主義に基づく〝大善生活〟を説きました。その一方、この頃より牧口は、「神国日本」の指標である神社公配の「神札」（天照大神のお札）を公然と批判し、国家神道を大義名分に国家の思想統一を図ろうとする軍部を非難しました。そのため、軍部から次第に目をつけられるようになっていきました。

牧口は、同年七月、不敬罪、治安維持法違反などの容疑により特高警察の刑事に逮捕されました。逮捕後、牧口は一年四ヶ月にも及ぶ獄中生活を強いられることになりますが、老衰と栄養失調のため、一九四四（昭和一九）年、東京拘置所で死亡、七三歳でした。

（イ）人間観

牧口常三郎の教育に関する著作の代表作が『創価教育学体系』（昭和五年）です。これは、創価教育あるいは創価教育学について、長年の教育実践と教育についての思索を集大成したものです。牧口は、『創価教育学体系』第一章緒論の冒頭文で、創価教育学について次のように定義しています。

「創価教育学とは人生の目的たる価値を創造し得る人材を養成する方法の知識体系を意味する。人間には物質を創造する力はない。われわれが創造し得るものは価値のみである。所謂価値ある人格とは価値創造力の豊かなるものを意味する。この人格の価値を高めんとするのが教育の目的で、此の目的を達成する適当な手段を闡明（せんめい）せんとするのが創価教育学の期する所である。[1]」

この内容について、教育の視点から注目すべき点が二つあります。一つは、「価値創造の豊かなるもの」という人間の観方です。もう一つは、教育とは価値を創造しうる人間を育成していくことであるという教育の考え方です。文字どおり「創価」とは、「価」値を「創」造するという意味であり、教育はそうした価値創造のできる人間の育成と考えられています。

『創価教育学体系』の中で、牧口は人間について、あるいは子どもについてさまざまな表現をしています。その中でも、とくに象徴的な言葉の一つが「人格とは価値創造力の豊かなるもの」[2]という言葉です。これに関して、また別に次のようにも表現しています。

「人間は自然の力及び物質を増減することは出来ない。けれどもそれを支配して価値を創造することは出来る。独創といひ発明といふのはこれを意味する。[3]」

では、ここでいう「価値」あるいは「創造」とはどのようなことでしょうか。牧口は、「利」「善」「美」の三価値をもって価値論の根幹としたことはすでに述べました。また、価値を価値たらしめているものは「生命」であるとして、「人間の生命の伸縮に関係のない性質のものに価値は生じない。故に価値を人間の生命と対象の関係性といふ。[4]」と述べています。すなわち、人間の生命にとってプラスになるものは「有価値」であり、マイナスになるものは「反価値」であると牧口は考えました。この考え方はきわめて合理的であるとともに、スケールの大きい価値の捉え方であるといわなければなりません。

一方、「創造」についてですが、牧口は「創造とは、即ち自然の存在の中から人生に対する関係性を見出して之れを評価しさらに人力を加へて其の関係性をとくに増加することである。[5]」と説明しています。

これを、先の「価値」と合わせて「価値創造」の意味を私なりに解釈すると、「個体的全人的価値」としての「利」、「部分的生命に関する感覚的価値」としての「美」、そして「団体的生命に関する社会的価値」としての「善」という三つの価値をそれぞれ人間の生命との関係性でプラスになるか、あるいはマイナスになるかを評価しながら、むしろプラスのもの、すなわち有価値を増加させていくことと考えられます。こうした「価値創造力の豊かなるもの」としての人間という捉え方と合わせて牧口は、社会生活の中における人間という捉え方をしています。それに関して、具体的に次のように述べています。

「私生活許り(ばか)を意識して、一向公生活の恩恵を意識せずに居るものが多い。したがって権利だけは遠慮なく主張するが、義務に就ては全く無頓着に暮らして居る。その者を教育して公生活即ち社会生活を意識せしめ、之に順応して自他共に、個人と全体との、共存共栄を為し得る人格に引き上げんとするのが教育である。[6]」

このように牧口は、「価値創造者」としての独立した個人的存在として人間と「社会生活者」としての公共において共存共栄をはかる人間という両面から人間を捉えていることがわかります。こうした人間の生きる人生の目的とは何か、それを牧口は「幸福」と表現しています。「幸福」とは、「万人共通の目的[7]」であってこれ以外に表現仕様のないものであり、また「利己主義の幸福ではなく、社会と共存共栄した幸福[8]」でなければならないと説明しています。著書の中では、ノーベルの言葉「遺産は相続することが出来るが、幸福は相続する事は出来ぬ。[9]」を引用しています。したがって、人生とはまさにこの幸福をめざしての価値創造の過程（プロセス）[10]」ときわめて重要な指摘をしています。この考え方は、人間の生活を基盤として捉え、子どもの「成長」のプロセスを重視する教育を提唱していたデューイの考え方に近いものと考えられます。

（ウ）教育観

以上のような人間観に立って、では教育の目的について牧口はどのように考えていたのでしょうか。しかしそれは、先の氏の人間観の内容から自ずと導き出されてくると考えられます。すなわち、万人の生活目的である「幸福」をめざして価値創造していく過程という考え方は、教育の目的とも一致するということになります。したがって、牧口は、『創価教育学体系』の中でくり返し、「教育の目的は人生の目的と一致する」[11]と述べています。その上で、「教育の目的は被教育者の価値創造の能力を涵養すること」[12]であると指摘しており、別に次のようにも表現しています。

「被教育者の生長発展を幸福なる生活の中に終始せしめんとするのでなければならぬ。ジョン・デューイが「生活のために、生活に於て、生活によって」というたのは吾々教育者の味ふべき語である。」[13]

ここの内容からも、牧口が「日本のデューイ」と称されることがわかると思います。

（エ）教師観

では、以上のような創価教育を実現していくために、教師とはどのような存在であり、どうあるべきと牧口は論じていたのでしょうか。私は、『創価教育学体系』のとくに後半で最も牧口が強調していたのはこの教師論であると考えます。それだけ、彼は、自らの経験から、教育上における教師の役割および資質の重要さを感じていたと推測することができます。

まず牧口は、当時の教師の問題について「機械代りの教育者」と風刺し、教育学などというものは外国語のできる学者がやってくれるし、私たち現場の教師は文部省が定めた教育法規と教授要旨と国定教科書を後生大切に守っていきさえすればよいというのは、まるで機械のような生活ではないかと痛烈に批判しています[14]。また別な箇所では、彼は、国でつくったできあがった物を食べさせるところの「給仕人」にも喩えて批判しています。では、そうした教師とは対照的な牧口の教師観、とくに教師としての資質として重要な点についてどのようなものだったのでしょうか。

最も特徴的な資質が「慈愛心」あるいは「母性」ということです。一般的な言葉でいえば「やさしさ」ということになるかもしれません。実は、牧口の著したものの中のいたるところに、この「慈愛の心」が見られるのです。その原型として顕著にあらわれているのが、牧口が北海道尋常師範学校付属小学校の訓導時代、若干二六歳の若さで著した『単級教授の研究』（一八九七年、明治三〇年）です。単級学級とは現在の「複式学級」です。まさにその場所は、やさしさに包まれた学校であったようです。この書の中で、「慈愛の一点」「慈愛愛情」「教師の慈顔」などの言葉が見られます[15]。当時の牧口には、この当時吹雪の日に幼い生徒を背負って家まで送ってあげたことやあかぎれの子の手をお湯で洗ってあげたりなどやさしさに満ちたエピソードが数多くあります。また、牧口はやさしさを「母性」という言葉で表現し、それが教師の原点であり、教育改造の原動力であるとして、次のように論じています。

「母性は本来の教育者であり、未来に於ける理想社会の建設者であり、教師は寧ろその代理的分業者といふべきである。乃ち教育改造の原動力は其処に在らねばならぬ。[16]」

なお、とくに『創価教育学体系』を読んでいく中で感じることは、牧口が「円満」という言葉をよく使用しているということです。たとえば、「円満なる発育」「円満なる社会生活」「家庭円満」などですが、もともと「円満」とは仏語で、功徳などが十分に満ち足りていること。人柄・社会・物事のやり方などがかどだたないで穏やかな状態を意味した言葉です。こうした「慈愛」「母性」「円満」などの言葉だけからも、牧口のやさしさが理解できます。

さて、第二の教師の資質として注目すべき点は、「謙遜」という言葉です。これからの教育において、教師は認識力や評価力を働かせて子どもたちの価値創造力の発揮につとめなければならないわけですが、そのための前提として「謙遜」ということが大切であると牧口は主張しています。もともと「謙」とは「へりくだる」「つつしむ」という意味であり、「尊敬」の「敬」と同じような意味です。つまり、牧口は、この「謙遜」という言葉によって、人間に対する知への奢りや思い上がりに対する警告を発していたのであり、それは教師の場合とりわけ重要であるという考えをもっていました。言い換えれば、このことは、第2章でも述べました教育における「パラドックス」の自覚に通じるものであり、究極的な「よさ」はわからないが、どこまでも探究していこうとする姿勢が重要であるということです。

では、教師の役割とは基本的にどのようなことなのでしょうか、牧口はそれについて次のように論じています。

「幸福なる生活を遂行し得る様に指導するのが、教育の本当の任務であることが解ったならば、教師は飽くまでも、自らの地位を自覚し謙遜して、側面よりの被教育者の補助者、誘導者、産婆役として、被教育者自身がなす活動の幇助者たることを忘れてはならぬ。[17]」

このように、教師は傍らから学習者を手助けする「補助者」や「誘導者」「産婆役」であると指摘しています。これも第2章で説明しましたが、「助」には、「励まし成し遂げさせる」とか「増進させる」「活発化させる」という意味があり、基本的に学び手の立場を尊重した言葉であるといえます。これも「価値創造力」を潜在的に備えた人間と捉える牧口の人間信頼から生まれた表現と理解できます。

もう一つの教師の役割として特徴的な考え方は、「教師の本務は知識の小売よりも、より重大なる知識することの指導にあることを諦(あきらか)に知らねばならぬ。[18]」という言葉によく表れています。「知識する」とは、すなわち学ぶ側が「理解する」「認識する」ということです。つまり、単に知識を意味がわからなくともそのまま頭に詰め込むということではもちろんなく、なぜそうなのかといった根拠などについて深く考えさせることが重要であると牧口は考えていたのです。別な箇所でも、「知識といふ名前で表されて居る真理若くは道徳を、人生に応用して価値を創造する力の啓培を図ることである。[19]」と述べており、知識を人間が生活していく上でいかに意味のあるものにしていくかを創造していくために考えていくことの大切さを論じています。

注

1　「創価教育学体系（上）」（『牧口常三郎全集第五巻』第三文明社、一九八二年所収）、一一三頁
2　同前書、一一三頁
3　同前書、一九六頁
4　同前書、二九三頁
5　同前書、二二〇頁
6　同前書、一四三頁
7　同前書、一二二頁
8　同前書、一二九頁
9　同前書、一三一頁
10　同前書、二一四頁

11 同前書、九一〜一一一頁
12 同前書、一九二頁
13 同前書、一二四頁
14 同前書、四八頁
15 波多野完治・辻武寿編『牧口常三郎全集第七巻初期教育学論集』第三文明社、一九九六年、一八二〜一八四頁
16 『創価教育学体系（下）』（『牧口常三郎全集第六巻』第三文明社、一九八二年所収）、一四頁
17 同前書、五四頁
18 同前書、二四四頁
19 同前書、二四七頁

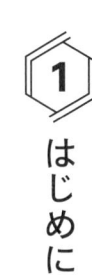

第5章

教職に関する問題

1 はじめに

現在教員をめぐる問題は、わが国にとって危機的状況にあると言わなければならない。周知のとおり、教育は国の基盤をなす最も重要なものであり、それを第一線で働いているのが教師である。その教師をめぐって、今さまざまな問題が一気に浮上している。具体的には、第一に、教員志望の減少である。いま高校生たちが進学を希望する際、最も人気のない学部・学科の一つが教育・保育分野・領域であることをどれほどの人間が認識しているだろうか。文部科学省の二〇二二（令和四）年に公表した調査結果では、小学校の採用倍率（競争率）の場合、全国平均二・五倍と三倍を切り過去最低となっている。ちなみに、中学校は四・七倍、高校は五・四倍で同様に採用倍率は低下している。さらに、こうした教員の希望者の減少により、国では中央教育審議会による教員採用選考試験受験者を増加させるための総合政策を立てる答申を出したことを受けて、文部科学省は、採用試験の日程の早期化などを都道府県等の教育委員会に求めてきている。具体的には、試験日程を一気に前倒しして、試験を三年次に受けられるようにする東京都の動きが出ており、それに追随するところも多く出てきているのが現状である。当然このような教員の質的問題などを考慮せず、なりふり構わぬ国の付焼刃的、対処療法的措置に疑問を持ち反対する人々を少なくない。また、一方では教員に対して「優秀な教員の育成」と銘打って教員の質的向上を目指すと謳っているが、このことは先の教員採用の早期化と矛盾することにはならないだろうか。とにかくこうした混乱した状況を作り上げてきた国の責任は極めて重いと筆者は考えている。また一方では、今日働き方が叫ばれる中で、教員に関しては依然として遅々として進んでいないのが現実である。そうした中で、「心の病」で学校を教職している教員が増加しているのも事実である。本文で詳細に述べるが、文部科学省によると、二〇二一年度の精神疾患で休職した公立小中高校と特別支援学校の教員は五八九七人となり過去最多で、とくに二〇代を中心に若い世代に目立つ。こうした若い先生がさらに次に続こうとする後輩たちにマイナスの影響を与えているとも考えられる。国では、メンタルヘルス対策を強化するということだが、依然として進んでいるという状況では現実ない。研究者や臨床心理士などの中には、教員の精神疾患が増加している最大の原因として「人員不足」を挙げているが、現在の少子化傾向の中で、単にそれだけではないと考える。「人員不足」が独り歩きして、先にも述べたような短絡的な教員養成の前倒し政策が進めば、現場はますます混乱するといわなければならない。そのほかにも、時間外や業務外の仕事に見合った手当が出されないことや保護者対応の精神的負担など、働き方改革に直接関わる問題も見逃せなく、極めて重要な課題であるといえる。

以上のように、国の政策にしても、現場の教員の状況にしても、このまま同じ状態が進んで行けば、初めに述べたように国の根幹をなす教育が崩壊していくことが予想される。本論では、国の教員養成の在り方の問題や教員の働き方改革の問題などについて吟味することに先立って、とくに根本的な歴史的課題であると思われるわが国の伝統的な教師観の問題について考察したい。なぜなら、このことを吟味することによって、先のような問題が鮮明になると考えられるからである。

2 伝統的教師観の特徴とその問題

教育を考える場合、教師への関心は最も重要な関心の一つであることはいうまでもない。「教師」の辞書的な一般的定義としては、①学業を教える人。学術、技芸などを享受する人。教員。先生　②宗教上の教化を形成する者。宗教上の指導者。宣教師。布教師などがあります。[1]ここで対象としている教師はもちろん①であるが、「教員」という名称は、むしろ法的身分としての学校教師をあらわす。これは、いわば狭い意味での教師と呼ぶことができる。なぜなら、一般に教師と呼ばれる人間は、こうした学校教師だけではないわけであり、子ども（あるいは学習者全体）をよくしようとする人間（たとえば親・塾の先生・習い事の師匠など）はすべて教師と呼ぶことができるからである。これを、ここでは広い意味での教師と呼んでおきたい。ここでは、とくに狭い意味での教師、すなわち「教員（学校教師）」を中心に、これまでの伝統的な教師観を確認し、そこにみられる今日的問題を探っていきたいと考える。

わが国において、とくに明治期以降の教師観を考えた場合、学校教師の一般的な観方として、①聖職的教師観、②労働者的教師観、③専門職的教師観の三つの類型が挙げられる。これら三類型を吟味していくことは、今日の教師に対する意識上の問題を探るうえで極めて重要であると考える。

（1）聖職的教師観の問題～二つの考え方～

「聖職」とは、基本的に「神聖な職務」という意味であり、元来牧師や神職、僧侶といった宗教関係者に由来するものであるが、では、学校教師が神聖な職務ということは、どういうことなのだろうか。たとえば、文学者新田次郎の代表的な作品に『聖職の碑（いしぶみ）』というものがあるが、これは大正二年の夏に修学旅行で伊那駒ヶ岳に登山した中箕輪尋常高等小学校の聖地たちと教員が台風に遭遇し、自らの命をなげうって子どもたちを救おうとしたが自身も子ども数名も亡くなった実話に基づく作品である。つまり、基本的に聖職としての教師とは、この話からもわかるように教育を天職と考え、児童・生徒のためならば利害を超え、時には命までなげうって奉職する教師というイメージである。

だが、「聖職」にはもう一つの観方がある。これは、必ずしもその神聖さが子どもの方を向いた「聖職」ということではなく、とくに日本の明治期から昭和二〇年までの間に作られた教師観であり、いわば国家（政府）の方を向いた聖職である。具体的には、教師は国家に従属する存在であり、また国家が要求する理想像（忠良なる臣民）を養成（あるいは錬成）することを務めとするものである。なお、この意味での聖職的教師像を確固として形成したのは、初代文部大臣森有礼である。森は、師範学校令や各師範学校での演説で、教師としての資質について、とくに次の三つの点を要求した。第一は順良（従順）であり、第二は信愛（友情）であり、そして第三は威重（威儀）である。これら「三気質ヲ具備セシムル」教師を兵式体操などによる徹底した軍隊式教育によって養成していったのである。また、「三気質」は、長く師範学校での生活における基本的心得とされた。[2]森は、こうした気質を備えた教師には、収入や労働条件などの個人的利害には関心を示さず、あくまで自己を犠牲にして国家が要求する天皇に忠誠を尽くすよき人間を作り上げるために邁進する教師という考え方があった。

以上のような、子どもの方を向いた聖職的教師と国家の方を向いた聖職的教師が併存しながら、これらは、多かれ少なかれ途絶えることなく明治期から今日まで続いていると筆者は考える。また、この二つの聖職的教師観は、「個人の利害を超えて」という点と「自己を犠牲にして」という点では、全く共通しているのである。そして、こうした考え方が今日においても、私たちの意識の中に多かれ少なかれ潜在的に存在しているのではないかと筆者は考えている。この潜在的意識こそが、戦後の教師観にも影響し、さらに今日の時間外労働の問題などにも関連していると思われる。

（2）労働者的教師観の問題〜政治的な対立〜

第二の教師観は、労働者的教師観である。この教師観は、とくに日本の場合、一九五二（昭和二七）年に日本教職員組合（日教組）よって明確に打ち出されたことは歴史的によく知られている。この年、日教組は第九回定期大会で一〇のテーゼからなる「教師の倫理綱領」を採択した。その第八項に、「教師はいうまでもなく労働者である。日本の教師は労働者階級とともに事態が困難を加えれば加えるほど、ますます其の団結を固めて、青少年をまもり、勇気と知性をもってこの歴史的課題の前に立たねばならぬ。[3]」と記されている。

こうした教師観は、日本の場合、当然先の戦前の聖職的教師観を批判して登場してきたものといってよい。教師の労働者的側面を明らかにした点では意義深いものであるが、問題はこの教師観が当時の保守勢力との政治的対立の下で登場してきたという点である。さらに悲劇的なのは、その後自民党を中心とする保守勢力が強まり、日教組自体が次第にその力を弱めていったということである。そもそも教育の主体である子どもを中心に考えず、教育を政争の道具とすること自体問題であることはいうまでもない。日教組の弱点もあるいはその点にあったともいえる。当然政治的対立の下での教師観の論争であり、政治的に権力を増強した自民党を中心とした保守勢力は、これまでの二つの聖職的教師観をある意味継承していったと考えられる。このことが、教師の働き方改革を遅らせた要因の一つと筆者は考えている。

（3）専門職的教師観の問題～教職の専門性の曖昧さ～

第三の教師観は、専門職的教師観である。これは、一九六六（昭和四一）年にＩＬＯ・

ユネスコの「教員の地位に関する勧告」により、教師の労働者としての諸権利を前提として打ち出されたものである。その中で、教師の専門職の主な条件について、「教職は、専門職と認められるものとする。教職は、きびしい普段の研究により得られ、かつ、維持される専門的な知識及び技能を教員に要求する公共の役務の一形態であり、また、教員が受け持つ生徒の教育及び福祉について各個人の及び共同の責任感を要求するものである。」[4]とこのように説明している。つまり、まとめれば、①きびしい不断の研究を必要とすること、②専門的知識と特別な技術を必要とすること、③公共の役務の一形態であること、④生徒の教育及び福祉について個人的及び協同的責任感が要求されることの四点になる。

　確かにこれら四点は、教員の専門職の特徴を簡潔にまとめられているが、①から③に関しては、ある意味教師に限らずどの職業においても重要であるといえる。ただ教職の専門性について改めて冷静に考えてみた場合、その具体的な中身あるいは専門職という言葉の意味自体が必ずしも明確ではないと言わなければならない。仮に専門職の意味を、人々の特殊な要求に答える特殊な知識と技術の所有者、と解する場合には、教師を専門職とすることの根拠はきわめて薄弱である。法律家や医者は、人々の特殊な要求に答える特殊な知識と技術の持ち主であり、その意味では、上記の専門職の定義にあてはまるかもしれない。しかし教師の場合には、小学校や中学校で教えられる知識や技術を一般的に考えてみた場合、果たして「特殊」と呼べるものなのか、たぶんに疑われるのである。一歩譲って、授業や子どもの心理などの研究、あるいは教授法に関わる知識や技術などは「特殊な専門性」といえるのではないかと反論する人もいるかもしれない。それは考えられるが、ただ親であれ別な職種の人間でも、それらに関しては教師に劣らず優れている人間は少なくないと考えられる。そう考えてくると、教職の専門性として最も特徴的なのは、残る④ということになる。これは、実は教師にとって最も重要な資質の一つである教育における「パラドックス（paradox、逆説）の自覚」に関わる問題である。「パラドックス」の基本的意味は、たとえば「急がば回れ」や「負けるが勝ち」のように、一見矛盾しているように見えるが実は矛盾していないことである。これを教育あるいは教師に当てはめてみた場合、次のようになる。つまり教師は授業や生活を通して子どもたちをよりよく生きられるように援助していくわけであるが、その「よく」ということは実際には教師自身もわからない。だがわからないけれども彼ら（彼女ら）が「よく」あることを求め、しかも他人を「よく」させようとして働きかけないわけにはいかないのである。つまり、社会の教師以外の人々も、すべて教育に関心をもっており、しかも知識においても技術においても、必ずしも教師に劣っているわけではない人々ですら決して少なくないであろう。だが、その人々に共通していえることは、彼らはそれぞれに技術者であり、学者であり、政治家であり、たとい親としてあるいは社会人として教育に深い関心をいだいていたとしても、けっしてこの教育のパラドックスを自分で生き抜く覚悟はしていない、ということである。教育には、本来このようなパラドックス的性格があり、教師は教育という仕事をするというのであるから、この教育本来のパラドックス的性格を認識し、それを覚悟して、貫くことが要求されるのであり、この教育のパラドックスを貫くということこそが教育という仕事の根幹にあると考える。教師の専門職性といえば、どちらかというと技術的関心や公共的資格への関心が強いですが、こうした「教育のパラドックス」への関心から教師の専門職性を考えることが、今後さらに重要になってくると考えられる。

現在文部科学省でも、中央教育審議会の答申に基づく「令和の日本型学校教育」を担う「教師に求められる資質能力」において、教師一人一人の専門性の向上や多様な専門性を有する人材の取り込みといったように、教職の専門性を取り上げている。「教職生活を通じた「新たな学びの姿」の実現」のところでは、専門職としての教師について、次のように示されている。

「高度な専門職である教師は、自己の崇高な使命を深く自覚し、絶えず研究と修養に励み、その職責の遂行に努める義務を負っており、学び続ける存在であることが社会からも期待されている。既に、審議まとめでは、「新たな教師の学びの姿」として、

・変化を前向きに受け止め、探究心を持ちつつ自律的に学ぶという「主体的な姿勢」
・求められる知識技能が変わっていくことを意識した「継続的な学び」
・新たな領域の専門性を身に付けるなど強みを伸ばすための、一人一人の教師の個

性に即した「個別最適な学び」

・他者との対話や振り返りの機会を確保した「協働的な学び」を示した。

具体的には、教師と任命権者・服務監督権者・学校管理職等との積極的な対話を踏まえながら、任命権者等が提供する学びの機会と、教師自らが主体的に求めていく多様な主体が提供する学びとが相まって、変化を前向きに受け止め、探究心を持ちつつ自律的に学ぶ教師が育っていくことを目指すことが必要である。[5]」

とくに三点目については、さらに「多様な専門性を有する質の高い教職員集団の形成」のところで、教師一人一人が強みと専門性として、具体的に「データ活用、ＳＴＥＡＭ教育、障がい児発達支援、日本語指導、心理、福祉、社会協力、語学力、グローバル感覚」などが挙げられており、多様な専門性を期待していることがわかる。確かに、教師も子どもたち同様に主体的に学びつづける存在であることには違いないし、そのために他者との協働的な学びも必要なのは当然である。だが、ここで問題なのは、あくまで教師の専門性を知識や技術の側面を強調している点である。もし「子供の主体的な学びを支援する伴走者としての能力も備えている」とか「具体的に必要な資質能力として、ファシリテーション能力」（中教審答申第Ⅱ部各論、二〇二二・一二・二八頁）の必要性を強調するならば、先に述べたような教育におけるパラドックス的性格について、ＩＬＯ・ユネスコが「教員の地位に関する勧告」で提唱した四条件の④と合わせて強調すべきであると考える。後ほど詳しく述べるが、教員採用の早期化を唱えながら、先のような「強み」と「高度な専門性」が果たして求められるのか筆者は疑問である。

以上、これまでの伝統的教師観の三類型とそこに見られる問題点を概観してきたが、そもそもこうした伝統的な類型化自体が根本的に問題であるということである。その理由としては、こうした教師観はあくまで教師の視点からの教師観であり、しかも歴史的には政治的色彩を帯びて議論されてきた傾向があり、必ずしも子どもの視点に立った教師をめぐる議論ではなかったということである。子どもの学びの実現の観点から考えれば、教師というものはある意味これら三つとも複合しているものであると考えられる。ただ一つを取り出して、その視点からのみ教師像を描き出すときには必ず問題が発生してくることになるといえる。

3 教員の養成、採用、働き方改革をめぐる今日的課題

（1）今日の教員をめぐる現状～文部科学省の実態調査結果から～

本論の冒頭でも述べたように、現在教員志望者が減少しており、我が国の基盤をなす教育現場の危機的状況にあると言わなければならない。まずその実態を、文部科学省の「令和五年度（令和四年度実施）公立学校教育採用選考試験の実施状況について」の調査によれば、具体的に次のような結果となっている。[6]

令和五年度（令和四年度実施）における小学校の競争率（採用倍率）は二・三倍で、前年度の二・五倍から減少して過去最低となっており、一方令和五年度（令和四年度実施）における中学校の競争率（採用倍率）も四・三倍で、前年度の四・七倍から減少している。なお、高等学校の場合は、令和五年度（令和四年度実施）の競争率（採用倍率）は四・九倍で、前年度の五・四倍からやはり減少している。なお、全体の競争率（採用倍率）（注：「全体」は小学校、中学校、高等学校、特別支援学校、養護教諭、栄養教諭の合計）は三・

四倍で、前年度の三・七倍から減少していることがわかる。

こうした傾向と相まって、教師不足も深刻化してきている。文科省の「教師不足」に関する実態調査（令和三年度実施）によれば、臨時的任用教員等の確保ができず、実際に学校に配置されている教師の数が、各都道府県・指定都市等の教育委員会において学校に配置することとしている教師の数（配当数）を満たしておらず欠員が生じる「教師不足」について、各都道府県・政令市教育委員会等（計六八）を対象に令和三年度五月一日時点等での状況を調査した結果、令和三年度の小中学校の「教師不足」人数（不足率）は、五月一日時点では一、七〇一人（〇・二八％）となっている。なお、「公立義務教育諸学校の学級編制及び教職員定数の標準に関する法律（義務標準法）」に基づき算定される小中学校の定数に対する充足率は、全国平均で一〇一・八％である。なお、高等学校については、五月一日時点で一五九人（〇・一〇％）。特別支援学校については二〇五人（〇・二六％）となっている。

（２）「教師不足」の定義と実態について

以上見てきたように、小学校・中学校、高校のいずれにおいても採用倍率が低下しているが、先にも掲示した中央教育審議会答申（令和四年一二月一九日）の中では、文科省は

「教師不足」について、「臨時的任用教員等の確保ができず、実際に学校に配置されている教師の数（配置数）が、各都道府県・指定都市等の教育委員会において学校に配置することとしている教師の数（配当数）を満たしていない」ことと定義している。[7]また、同審議会答申では令和三年度の文部科学省による全国規模で実施した「『教師不足』に関する実態調査」に基づいて、次のように説明している。

「文部科学省が令和三年度に初めて全国規模で実施した「『教師不足』に関する実態調査」（令和四年一月公表）の結果によると、令和三年度始業日の「教師不足」の人数は二、五五八人、五月一日時点で二、〇六五人の教師の不足が発生していることがわかった。「教師不足」の状況は学校種や自治体によっても大きく異なる。[8]」

さらに文部科学省は、先の審議会答申を踏まえて、その要因として次の二点を挙げている。第一は、産休・育休取得者数、特別支援学級数、病休者数の増加による臨時的任用教員の見込み以上の必要数の増加である。第二は、大量退職・大量採用に伴う採用倍率低下等による、講師名簿登載者の減少（臨時的任用職員のなり手の減少）である。とくに第二の点について、中教審答申では、加えて「また、年度途中からの代替教員の確保については名簿登録者の多くが既に他の職に就いており、一層困難であるとの指摘もある。」と書き加えている。確かに、以上の二点があることは事実であろうが、ここには要因として、現在問題になっている残業などの時間外労働やそれに関わる待遇の問題、部活動等の負担などの働き方改革に関わる教員の労働条件については触れられていない。さらに、最後の「名簿登録者の多くが既に他の職に就いており」という点の根本原因、すなわち必ずしも教職に就かなくてもよいという点についても触れられていない。むしろ、これらの点こそが問題ではないのだろうか。第一の産休・育休の取得者数については確かに現実にあると思うが、これが教員志望率を低下させている主な要因なのだろうか。また、第二は、大量退職・大量採用に伴う採用倍率低下等による講師名簿登載者の減少についても、同様に疑問であると言わなければならない。文科省は、今なぜ高校生たちが教職に魅力を感じないのか、また社会的に「ブラック企業」などと呼ばれているのかということに対して、本当に真剣に向き合っているのか筆者には疑問と言わざるを得ない。後ほど詳しく述べるが、さらに文科省の二〇二一年度の調査では、精神疾患で休職した公立小中高校と特別支援学校の教員は五、八九七人となり過去最高で、とくに二〇代を中心に若い世代が目立つとしている。こうした問題を真摯に受けとめ、真正面から取り組まない限り、一向に改善されないのではないだろうか。

このような文科省の対応から出される「対応策」も、同様にさまざまな課題がある。具体的に見ていこう。文科省は、「短期的な対応策（教員免許保持者の入職促進）」と「長期的な対応策（免許取得者・教職志願者の増加）」に分けて、対応策間を具体的に提示している。まず、短期的な対応策から見ていくことにしたい。

（3）「教師不足」に対する文部科学省の取組の問題①～短期的な対応策～

短期的な対応策については、①休眠免許等保持者の円滑な入職の促進、②産休・育休代替教師の安定的確保のための加配定数による支援、③「学校・子供応援サポーター人材バンク」の名簿提供の三点が提示されている。

①について、文科省では、さらに教職員支援機構等において、教壇に立つにあたり必要となる基礎的内容をまとめた研修コンテンツを提供することと、各自治体において実施している休眠免許等保持者を対象とした講習会の実施例の周知促進を提示している。だが、現実には、すでに別な職業についている場合や、名簿に登録されている退職教員がすでに教員免許状を更新しておらず、失効してしまっているケースも見られる。さらには、教員免許の更新制度は廃止になったものの、本人が臨時教員としての着任を辞退することも多い。

②については、同省としては、年度の初期頃に産休・育休を取得することが見込まれる教師の代替者について、年度当初から任用する自治体の取組を支援するとしているが、これについても課題がある。具体的には、産休・育休の制度自体が問題なのではなく、それまで産休や育休に入った教員をカバーできる体制が準備されていないことは明らかであ

り、最も大きな問題は財政的な面である。つまり、一校当たりの教員の必要数が増加している一方、正規雇用の教員は増えていないため、相対的な人手不足が起こっているのが実情であり、地方財政の改善対策として、地方公務員を削減する計画が打ち出され、また少子高齢化により子どもの数が減少しているのに伴い、正規雇用の教職員の数を減らす施策が広まっている状況が教員不足の大きな要因となっているという問題である。正規雇用の教職員を減らす代わりとして、非正規教員が増加傾向にあり、公立の小中学校では二〇〇五年に三万五、九六六人だった非常勤講師の数が、二〇一一年には五万二三四人まで増加している。この傾向は近年さらに強まっており、今後も全国各地で、非正規教員への依存度が高まる可能性が高くなることが予想される。

③について、同省では、講師等のなり手確保のため、文部科学省「学校・子供応援サポーター人材バンク」に登録された人材の名簿を各教育委員会に提供を掲げているが、果たしてどの程度の人数が確保できるかは不透明である。同省のこれに関するリーフレットでは、「今、学校は、教師として共に働く方や、子供たちへの学習指導やさまざまな支援のほか、教育環境の整備等を行っていただく支援スタッフの方々を必要としています。学校・子供サポーター人材バンクにご登録いただくことで、学校や教育委員会が今必要としている人材を、この人材バンク登録者の中からすぐに探せるようになりますので、「学校現場の助けになりたい」とお考えでしたら、是非ご登録ください。」[9]と呼びかけている。

だが、自治体別募集状況に掲示されている都道府県はわずか一五件と限られている。具体的な内容としては、児童・生徒の学習指導教員採用をはじめ、文化芸術・スポーツ・ボランティアなどの各分野など多岐にわたる。人材バンク自体は以前から必要性を考慮して各学校、自治体等でも実施していることであるが、本当に緊急性の高い人材の場合の獲得方法については、さらに工夫が必要ではないかと考える。

(4)「教師不足」に対する文部科学省の取組の問題②
～長期的な対応策（免許取得者・教職志願者の増加）～

次に、「教師不足」に対する文部科学省の取組の問題に対する長期的な対応策（免許取得者・教職志願者の増加）について、次の六点を挙げている。

①　教員採用選考試験の改善等
②　学校における働き方改革の一層の推進
③　教師のメンタルヘルス対策
④　教師の処遇改善
⑤　各教育委員会における正規教員の比率向上
⑥　教職に関する情報発信

まず気づくことは、これらの六点は、先にも述べたようにほとんどが長期的対応策ではなく、早急に対応していかなければならない案件ではないかということである。国として本当に教員不足を解消したいと考えるのであれば、これらの対応策は短期的なものでなければならないと筆者は考えている。

まず、①教員採用選考試験の改善等に関連して、文部科学省では、教員不足を解消するための方策の一つとして、二〇二三年度（令和五年度）から教員採用の早期化を打ち出している。これは、「青田買い」も横行する民間企業に対抗して学生の囲い込もうという意図がある。実際に、東京都をはじめすでに動き出している県が出ている。たとえば東京都では、一次試験のうち基礎知識を問うテストは大学三年生で受験可能として、それを通過すれば四年生で論文試験や面接に臨めて、早めに教員の道を学生に意識させていこうという狙いがあるようだ。川崎市などでは、三年生向けに別枠の試験を実施して、早ければ秋に内定を出すとしている。また、早期からの学校現場での体験等により、教育実習時期の見直しを含む教職課程の弾力化も謳われている。教員養成を行っている大学をはじめ、この改革がもたらす社会的な混乱は計り知れないと考える。

それ以上に、こうした教員採用の早期化が教育不足の解消となる抜本的な改革に果たしてなるのかという疑問であり、あくまで対処療法に過ぎないのではないかということである。さらに、受験する学生たちについては、大学で落ち着いて学習することが出来にくくなり、浮足立ってくる可能性も出てくることも懸念される。最も疑問であることは、文科省は、一方で高度な質の高い教員の育成・養成を掲げているが、このこととここで述べた教員採用の試験の早期化は矛盾していないのかという問題である。いくら教員が足りないからといって、促成栽培的に教員を養成していけば、ますます教員に対する社会的信頼度が低くなることが容易に予想される。なりふり構わぬこうした改革は、必ず教育をゆがめ、混乱させ将来の日本教育にとって利益になるとは考えにくい。

②の学校における働き方改革の一層の推進については、依然として遅れていると言わなければならない。この点について、文科省は具体的に①小学校三五人学級の計画的整備や高学年における教科担任制の推進を含む教員定数の改善、②教員業務支援員等の支援スタッフの充実、校務のデジタル化等の学校DXの推進を挙げている。だが、二〇二二年の日本教職員組合JTU）による調査で（出典：二〇二二年 学校の働き方改革に関する意識調査―「月八〇時間」を大きく上回ることが明らかになった。また、教員の週当たりの平均時間外労働時間は二三時間五三分で、月に換算すると実質九五時間三二分／月の時間外労働（中学では一一八時間二〇分）との調査結果である。過労死ラインを大きく上回っており、かなり危険な状態が続いているといえる。休憩時間を取れない教員も多く、休日勤務も常態化しているといわれる。このように、他の職種に比べても非常に労働時間が長く、

教員を目指す人が減少している要因とされている。メディアでも教員の実態が取り上げられる機会が増え、いわゆる「ブラック」な職種のイメージが広がっている点も無視できない。

こうした背景から、③教師のメンタルヘルス対策の問題が浮上してくることになる。具体的に精神疾患を患っている教員は統計上次のようである[10]。

この表は、都道府県及び指定都市における、平成二九年度から令和三年度までの五年間の「精神疾患による教育職員の病気休職者の推移」である。この表から、平成二九年度の五、〇七七名に対して、令和三年度には五、八九七名となり急増していることがわかる。これに対する国の対策としては、令和五年度予算において、各教育委員会が専門家等と協力しながら、病気休職の原因分析や復職支援を含むメンタルヘルス対策等に関するモデル事業を実施予定であるとしているが、先にも述べたように長期的対応策ではなく、働き方改革と合わせて早急に対応する問題ではないかと考える。ちなみに、文科省が四月に公表した二〇二二年度の教員勤務実態調査によると、残業時間上限の月四五時間を超える教諭は小学校で六四・五％、中学校は七七・一％を占めた。このことからも、長時間労働の常態化傾向にあることは事実であり、教員志望者の減少の一因になっているのは間違いない。

また、④の教師の処遇の改善について、文科省の対応案としては、二〇二二年度に教員勤務実態調査を実施。令和五年の春頃に調査結果の速報値を公表した後、その結果等を踏まえ、給特法等の法制的な枠組みを含めた教師の処遇等の在り方を検討すると謳っている。

より具体的には、次のような内容である。

「指導力や勤務実績に優れた教員が適切に評価され、教員の士気が高まり、教育活動が活性化されていくためにも、それぞれの職務に応じてメリハリを付けた教員給与にしていくことが必要である。教員一人一人の能力や業績を評価し、教員に意欲と自信を持たせるよう、適切な教員評価の構築に取り組み、その評価結果を、可能な限り任用や給与上の措置などの処遇に適切に反映していくことが必要である。一方、大多数の教員が懸命に職務に従事している反面、一部に指導力不足教員や不適格教員などが存在することも事実であり、昨今、このような教員に対する国民や保護者の視線はますます厳しいものとなっている。このため、教員全体への信頼性を向上させるためにも、このような指導力不足教員等に対しては、研修の実施等人事管理システムを厳格に適用するとともに、相応の処遇とするよう毅然とした対応をすることも必要である。学校を取り巻く環境の変化に応じて、教員が対応すべき課題が複雑化・多様化を極め、これにより教員の職務負荷が増大し、全体的な勤務時間が増えてきており、恒常的な時間外勤務の実態が明らかになっている。このような状況を踏まえ、教員の職務の見直しや学校事務の効率化によって教員の勤務時間の縮減を図るとともに、教員

表 1-1-2　精神疾患による病気休職者の推移（教育職員）（過去 5 年間）

（単位：人）

都道府県 指定都市	H29年度	H30年度	R元年度	R2年度	R3年度	対教育職員数割合 (令和3年度)(%)
1 北海道	196	230	216	202	239	0.68%
2 青森県	46	57	55	45	45	0.41%
3 岩手県	41	41	71	58	55	0.48%
4 宮城県	57	69	82	64	65	0.52%
5 秋田県	36	30	32	29	30	0.36%
6 山形県	28	31	38	36	25	0.28%
7 福島県	53	45	46	42	47	0.29%
8 茨城県	107	106	137	125	130	0.57%
9 栃木県	79	74	77	67	85	0.56%
10 群馬県	46	53	44	38	66	0.43%
11 埼玉県	205	202	215	214	243	0.61%
12 千葉県	175	172	184	177	183	0.52%
13 東京都	602	589	633	632	701	1.05%
14 神奈川県	152	152	144	147	184	0.69%
15 新潟県	73	77	87	62	80	0.57%
16 富山県	41	45	43	42	49	0.57%
17 石川県	45	32	27	22	34	0.38%
18 福井県	36	35	30	22	33	0.46%
19 山梨県	13	16	12	16	24	0.33%
20 長野県	90	89	81	84	69	0.40%
21 岐阜県	75	68	76	74	85	0.50%
22 静岡県	57	59	59	69	74	0.40%
23 愛知県	225	230	237	235	244	0.61%
24 三重県	99	87	87	71	81	0.56%
25 滋賀県	61	62	58	61	71	0.58%
26 京都府	37	52	64	67	63	0.56%
27 大阪府	307	328	336	336	397	0.97%
28 兵庫県	41	42	47	42	43	0.14%
29 奈良県	46	58	55	44	49	0.48%
30 和歌山県	34	37	46	38	35	0.39%
31 鳥取県	34	37	34	33	31	0.54%
32 島根県	33	36	35	36	31	0.41%

32 島根県	33	36	35	36	31	0.41%
33 岡山県	54	53	51	56	76	0.62%
34 広島県	107	90	81	65	85	0.60%
35 山口県	45	51	55	54	59	0.51%
36 徳島県	25	35	31	28	29	0.41%
37 香川県	32	31	30	33	45	0.57%
38 愛媛県	38	50	48	53	56	0.51%
39 高知県	37	38	48	35	45	0.62%
40 福岡県	95	81	112	107	107	0.46%
41 佐賀県	54	45	47	43	41	0.49%
42 長崎県	64	54	66	48	62	0.51%
43 熊本県	63	80	72	68	61	0.54%
44 大分県	44	46	44	46	52	0.52%
45 宮崎県	53	63	53	53	69	0.69%
46 鹿児島県	96	103	99	90	89	0.54%
47 沖縄県	171	176	190	188	199	1.29%
48 札幌市	57	65	59	62	100	1.14%
49 仙台市	38	20	20	24	36	0.66%
50 さいたま市	24	31	36	45	56	0.96%
51 千葉市	21	28	36	25	34	0.76%
52 川崎市	57	52	69	61	68	1.02%
53 横浜市	121	137	161	159	181	1.07%
54 相模原市	13	21	29	30	29	0.92%
55 新潟市	21	26	28	25	31	0.75%
56 静岡市	18	14	18	18	22	0.71%
57 浜松市	10	15	8	12	26	0.66%
58 名古屋市	106	108	99	93	92	0.81%
59 京都市	64	68	69	48	65	0.88%
60 大阪市	123	127	133	107	143	1.05%
61 堺市	27	28	36	40	47	1.04%
62 神戸市	58	68	81	90	88	1.07%
63 岡山市	24	22	27	20	18	0.48%
64 広島市	46	36	38	42	44	0.68%
65 北九州市	27	27	24	29	41	0.78%
66 福岡市	54	66	73	61	87	1.07%
67 熊本市	20	16	19	15	23	0.57%
合　計	5,077	5,212	5,478	5,203	5,897	0.64%

の勤務態様の特殊性等を踏まえつつ、教員の勤務時間の弾力化を進めていくことが必要である。」[11]

この内容からもわかるように、第一に能力や業績による教員給与措置、第二に指導力不足教員等に対する毅然とした対応、第三に教員の勤務時間の見直しが盛り込まれている。

また、教育新聞の「閣議後会見で質疑に応じる永岡文科相」の記事（令和五年五月一五日）によれば、自民党では、「令和の教育人材確保に関する特命委員会」では、教員の働き方改革、処遇改善を一体的に推進することを目的として、同委員会が一〇日に取りまとめた政策提言「令和の教育人材確保実現プラン」では、教員の長時間勤務について「将来的には月二〇時間程度を目指す」として大胆な削減を打ち出したほか、給特法の教職調整額を現行の四％から「少なくとも一〇％以上に増額」することを打ち出している。こうした改革を実現するため国費として約五、〇〇〇億円規模の拡充を見込んだ。自民党では、提言を今年六月に政府が閣議決定する「骨太の方針」（経済財政運営と改革の基本方針）に反映させ、令和六年度から三年間を抜本的な改革期間として政府に求めていく方針を示している。一方で、時間外勤務について手当化することなく、教職員給与特別措置法（給特法）を改正して現行四％の教職調整額を一〇％以上にするという提言については、「承知はしているが、給特法の在り方も含めて、具体的には今後検討していくべき課題と認識している」とするにとどめている。

もちろん、教師の処遇の改善には財政上の裏付けがなくてはならないのは当然だが、やはり教員の特殊な労働条件、つまり教員業務支援員や部活動指導員、さらに残業の問題、三五人学級の中学校への早期対応などについて、処遇と関連させながら早急に対応していくことが喫緊の課題であり、教員不足を解消する最も重要なことであると考える。

⑤の各教育委員会における正規教員の比率向上については、当然教員の生活の安定を考えれば正規教員の比率を上げていくことは言うまでもない。ただ、現実には学校現場からの声としては、給与の増額よりも負担の軽減を求める声も少なくない。

4 おわりに

本論では、「現代日本における教職に関する諸問題について〜「令和の日本型学校教育」における教職をめぐる改革を手がかりとして〜」と題して、現在改革が進められている教職の諸問題について論じてきた。その中でとくに問題として重要な点を改めて整理しておきたい。

まず第一は、伝統的な教師観の問題である。私たち日本人の意識の中に、教師の捉え方の基本として、歴史的に紹介した三類型が依然として根強くあることは確かである。だが、それらの教師観には、現在の教職が抱える問題にも少なからず関わっているということである。教師は「聖職」と捉える場合、天職であり奉仕者であるのだから見返りを求めるべきではないといった考え方を現在でもする人々がいることは事実である。また、「労働者」と捉える場合でも政治的な対立の中で考えられ、ややもすると主体である子どもたち不在という事にもなりかねない。さらに「専門職」としてもその意味の曖昧さと最も重要な意味での役割については依然説明が不十分であると言わなければならない。以上のことから、少なくともこうした伝統的な教師観については、あらためて見直し、学習主体である児童・生徒の立場から見た教師観の再構築を図っていくべきであると考える。この点については、拙著『人間教育のすすめ』(東洋館出版社)を参考にしていただきたい。

第二は、「令和の日本型学校教育」における教職をめぐる改革の問題である。すでに本論でも詳細に述べてきたが、最も感じる点は、国の改革案が現場とかなりずれているのではないかということである。つまり、現場の教員の実態が果たして正確にみられているのだろうかということである。筆者は地方の大学・短大の学長を務めているが、今高校生に最も人気がない分野が教育・保育分野である。

なぜ教職や保育職を高校生は選ばないのか、それはなによりも労働条件にあると言わなければならない。給特法の改正による残業代や教職調整額の増額ももちろん大切だが、それ以上に残業時間や部活動をはじめとする働き方改革が一丁目一番地であるはずであり、これが長期的対応策となっていることは問題であると言わなければならない。さらに大学関係では、教員採用の早期化は決して高度な質の高い教員を育成・養成することにはならないと考える。このことが全国的に進めば、養成大学だけでなく現場の小学校・中学校なども混乱していくことになる。ぜひ再検討を期待するところである。

注

1 尚学図書編『国語大辞典』小学館、一九八一年、六七一頁参照
2 大久保利謙編『森有禮全集』（第1巻）、宣文堂書店、一九七二年、四八一～四八六頁参照
3 宮原誠一他編『資料日本現代教育史2』三省堂、一九七九年、四二〇～四二四頁参照
4 宮原誠一他編『資料日本現代教育史3』三省堂、一九七九年、四〇四～四〇五頁参照
5 中央教育審議会答申「『令和の日本型学校教育』を担う教師の養成・採用・研修の在り方について～「新たな教師の学びの姿」の実現と、多様な専門性を有する質の高い教職員集団の形成～」、二〇二二年一二月一九日公表、参照
6 文部科学省「令和五年度（令和四年度実施）公立学校教員採用試験の実施状況について」https://www.mext.go.jp/a_menu/shotou/senkou/1416039_00009.html 参照
7 前掲書「『令和の日本型学校教育』を担う教師の養成・採用・研修の在り方について～「新たな教師の学びの姿」の実現と、多様な専門性を有する質の高い教職員集団の形成～」参照
8 文部科学省「『教師不足』に関する実態調査」二〇二二年四年一月公表、参照
9 文部科学省リーフレット「学校・子供応援サポーター人材バンクにご登録ください」参照　https://www.mext.go.jp/content/20230327-mxt_zaimu01-000006800_3.pdf

10　文部科学省「精神疾患による病気休職者の推移（教育職員）（過去五年間）」二〇二二年一二月二六日参照　https://www.mext.go.jp/content/20221222-mxt-syoto01-000026693_03.pdf

11　文部科学省「教職員給与の在り方に関するワーキンググループにおける審議経過報告（案）　はじめに」「第一章教員給与をはじめとして処遇改善の在り方についての基本的な考え方」参照 https://www.mext.go.jp/b_menu/shingi/chukyo/chukyo3/041/siryo/attach/1417584.htm

第6章

教育における連携体制の問題

1 子どもをめぐる連携体制の問題

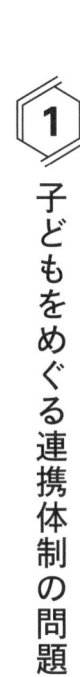

二〇二三（令和五）年四月一日にわが国に「こども家庭庁（英語：Children and Families Agency）」が発足しました。同庁は、日本の行政機関のひとつとして、政府で所管する子どもを取り巻く行政分野のうち、従来は内閣府や厚生労働省が担っていた事務の一元化を目的に設立された内閣府の外局です。そのホームページを開くと、「こどもまんなかこども家庭庁」という題字と合わせて、次のように書かれています。

「こども家庭庁は、こどもがまんなかの社会を実現するために、こどもの視点に立って意見を聴き、こどもにとっていちばんの利益を考え、こどもと家庭の、福祉や健康の向上を支援し、こどもの権利を守るためのこども政策に強力なリーダーシップをもって取り組みます。」

内閣府は、二〇〇一（平成一三）年の中央省庁再編で誕生した首相直属の機関であり、首相及び内閣官房を補佐し、複数の省庁にまたがる重要な政策を総合調整し、行政各部の統一を図るための企画立案を任されるため、他の一二省庁よりも上位に格付けされたものです。政府の中枢機関が子どもへの強い関心を持ち、具体的にこうした庁を立ち上げることは大変望ましいことですが、できれば福祉、健康と合わせて教育、保育などの文言も加えてもらいたかったと感じます。また同時に、子どもではなく「こども」と表現するなどのこだわりがあるのは結構ですが、そのこどもの存在をどのように捉えているのか、あるいはそのこどもたちを育成する教員や保育士の現状をどう把握して改善しようとしているのかなど問われるところです。まだ走り出したばかりの庁ですから、今後の動向を見守っていきたいと考えています。

こうした国の動きがある一方で、現状では子どもをめぐる深刻な問題が以前にも増して浮上してきているのも事実です。学校だけの問題ではなく社会的な問題と化しており、さまざまな機関が連携して子どもたちの学びの充実を図っていかなければなりません。教育の究極の目的は子どもたちの幸福であり、健やかな成長です。そのためには関係する機関が対話による目的の共有化・実践化が必要です。したがって、本章の第一は、「子どもたちを支援するための連携教育体制の構築」と題して、とくに、①子育て支援問題、②子ども虐待問題、③いじめ問題、④不登校問題、⑤ヤングケアラー問題を取り上げたいと考えています。

（1）子育てにおける連携体制

まず、子育ての問題について考えてみましょう。わが国には伝統的に「子宝」という言葉があるが、現在ほどわが国にとってこの言葉が切実感をもって受け止められないわけにはいかないように思われます。なぜなら、これからの日本の将来を担っていく子どもたち一人一人の健やかな成長が、ひいては国の発展にもつながるわけであり、その意味で「国にとっての宝」であるからです。

しかし、現実には子どもをまず出産し、そして育てていく上でのさまざまな課題があることも事実です。厚生労働省の人口動態統計（概算）によれば、女性一人が生涯に産む見込みの子どもの数を示す「合計特殊出生率」では、二〇二二（令和四）年は昨年度の一・三から〇・〇四ポイント下がって一・二六と低下しており、また出生数も同年の速報値では七九万九、七二八人と八〇万人を切って過去最低となり、令和六年には約七五万人にさらに減少していきます。つまり、少子化が一層加速化しているということであり、それを受けて政府でも岸田総理が「異次元の少子化対策」を打ち出していますが、具体的な財源確保策について結論が持ち越されている状態です。一刻も早く、こうした少子化の進行や人口減少を解決していくためにも、子育て家庭が身近な場所で、安全かつ安心して子育てができて、適切な支援を受けられる連携体制の構築が必要不可欠です。そのためには、国、地方自治体、教育機関、家庭、その他NPO法人など、それぞれの役割を明確にして強力な協働体制をつくっていくことが重要と考えます。また、二〇二三年度には国では新たに「こども家庭庁」を創設しました。その基本方針として、「こどもまんなか社会」をスローガンとして、「常にこどもの最善の利益を第一に考え、こどもに関する取組・政策を我が国社会の真ん中に据えて、こどもの視点で、こどもを取り巻くあらゆる環境を視野に入れ、こどもの権利を保護し、こどもを誰一人取り残さず、健やかな成長を社会全体で後押し」することを謳っています。そして、そのための司令塔として、こども家庭庁を創設したと書かれています。」(「こども政策の新たな推進体制に関する基本方針のポイント」より)ここで興味深いのは「子ども(子供)」を「こども」と記していることです。単純な変更のように思うかも知れませんが、ここに政府の子ども観が何か変わったのでしょうか。私は、先の章でも詳しく述べましたが、子どもはみなよく生きようとしており、ダメな子は一人もいないという「性向善説的子ども観」を提唱しています。もし「こども」と標記した意図が、これまでの子ども観から、ここで述べた「性向善説的子ども観」への発想の転換があるとすれば、大変喜ばしいことだと考えますが、その点はあまり説明されていません。この点も子育ての問題としては大変重要な問題であり、ある意味最も根本的な問題であるともいえます。

以上の課題を踏まえて、ここでは大きく二つの点について考えていくことにしたいと思います。第一は、「子育て支援のための意識改革～子どもと親が共に成長する視点から～」です。確固とした連携体制を構築していく上で重要なことは、さまざまな立場からの多様な考え方がありながらも、思想上の根本的な部分では、お互いが意識の共有化を図っていなければなりません。したがって、ここではまずその点を確認していきたいと思います。第二は、先にも述べました子育て支援ためのシステム改革です。子どもと親が安心して育児ができるネットワーク環境をいかに整備していくかということです。これら二点については、これまでもさまざま考えられてきており、具体化されてきましたが、さらに課題を見つけて、新たに再構築していく必要は当然あると考えます。

(ア)子育て支援のための意識改革～子どもと親が共に成長する視点から～

先にも述べましたように、現在政府では、「児童手当などの経済的支援の強化し、「学童保育や病児保育」、「産後ケアなどの支援拡充」、「働き方改革の推進」を柱とした異次元の少子化対策を打ち出しました。それ自体は子育て支援にとって、もちろん重要な改革であると考えます。しかし、そうした具体的な改善策を創造する上で根本となる子ども観や子育て観などの、私たちの子育てに対する意識改革がまず重要ではないかと考えます。すなわち、子育て支援を行っていく場合の実践指令としての理念を確認しておく必要があるということです。では、現在子どもと親が共に成長する視点から、子ども観や子育て観を捉えた場合、現状においてどのような問題があり、それをどのように変えていくべきなのかを述べてみたいと思います。

【子ども観・子育て観をめぐるさまざまな課題】

これまでわが国では、子育てをめぐる社会状況の変化として、家族形態や家庭状況の変化が挙げられてきました。とくに、核家族の増加、共働き家庭の増加、家同士の交流の希薄化（家の孤立化）などが一層顕著になっています。そうした中で、やはり以前から問題とされているのが、在宅で子育てをしている母親の「孤立化」の問題です。悩みを相談する人がいない、つい育児書に頼りすぎて目の前の我が子がみえなくなって不安になってしまう、最悪の場合は先にも紹介しました虐待ということになることもあります。このような母親の孤立化を解決していくために、当然制度的改革が必要であることは言うまでもありません。この点については後ほど述べてみたいと思います。ただそれと合わせて、親自身の子どもの観方、あるいは子育て観の問題があると思います。

在宅において母親対子どもの一対一という関係の中での、とくに母親の孤立化の状態を

「カプセル化した家庭」あるいは「閉ざされた家庭」と呼ぶこともできるかもしれません。とくにこのような家庭の場合、危険な点は、親が子どもの心に進入する場合がきわめて多いということです。すなわち、一般にいわれる「過保護」や「過干渉」という問題とも関連しています。もちろんこれは、在宅育児の母親だけに限られたことではありませんが、とくに密室の親子関係の中に多いということです。

これは、ひいては子どものいわゆる「自立」や「自律」を妨げることにもなります。母親に常に支配される中で育った子どもは、できるだけ親の気に入る「よい子」を演じつづけようとして懸命になるわけです。それが自我の芽生えとともに第一の私と第二の私が乖離することにより悩んだ末、引きこもりや暴力的行為、あるいは家出などの行動を引き起こす、いわゆる「過剰適応症候群」の問題が発生することがあります。

こうしたことは、その根本に親の子どもの観方という思想上の問題があるといわなければなりません。それはどういうことでしょうか。

【「子どもを通しての代理達成」の問題】

第一は、親のわが子への強い思い入れの問題です。よく親は、「できるだけのことはしてやる」、あるいは「これはすべてあなたのためよ」といっていろいろなことをやってあげる親がいる。これは、ある意味でもちろん大切なことですが、それがいったん子どもの興味や関心、あるいは得手・不得手やその子の性格などを無視して、母親が思い描く「よさ」を勝手に無理やり押しつけるという問題が起こってくる場合があります。これは母親だけではなく、家庭内の父親、祖父、祖母も関連してくる問題です。

つまり、自分の「よさ」を無理にわが子と一致させ、母親はすべてをわが子にかけ、それは親の愛情に見えて、実は親自身のためのことであり、子どもの成功が即自分の成功と考えることになります。これを「子どもを通しての代理達成」[1]と呼びます。

親子の場合、とくにここでいう「独りよがりの期待」をたくさん抱きがちになります。しかし、それがかえって子どものためにならないという警告が、メッセージとして私たちに送られているような気がします。とくに在宅で孤立化する親子の場合、その傾向が強いといわなければなりません。以上紹介してきたような、子どもの観方の問題も、ひいては、とくに母親が誰にも相談できずに孤立しているという「密室の親子関係」の現状にやはり関係していると考えられます。

では、子どもの成長（育ち）を尊重する場合の子どもの観方とはどのようなものかを次に述べてみたいと思います。

【子ども観・子育て観の見直し】～「自立していく存在」「好奇心のかたまり」としての子ども～

すでに第3章これからの人間観、教育観のところでも述べましたが、だれもがよく生きようとする潜在的な働き、欲求をもっているのであり、何がよいのかをどこまでも考えつづけていく「性向善説的人間観」がこれからの教育を考える上で大切な人間観であることを述べました。

このことを踏まえて、まず何より、子どもは決して母親の分身ではなく、自らの意志で外部との関係を築き、やがては「自立していく存在」だということをしっかりと認識しておくことが大切です。また子どもは、「好奇心のかたまり」のような存在でもあり、さまざまなもの・ひと・ことに興味や関心を持ちます。その場合に、まず子どもたちの中に、成長しようとする潜在的な力を認めてあげることがまず何より大切です。小林一茶という俳人の句に「名月を　取てくれろと　泣く子哉」や「幼子や　目を皿にして　梅の花」というものがありますが、これらはわが子を亡くして今はいないときに詠んだ句です。[2] これらの句には子どもの本質が詠み込まれているといってよいでしょう。また、映画監督の宮崎は次のような批判しています。

「大人が今やるべきことは、子どもが心と体を取り戻せるようにすること。今の世の中は、子どものエネルギーを奪うように奪うように、知的好奇心をなくすようになくすようにしている。[3]」

ここでの「子どものエネルギー」にしろ「知的好奇心」にしろ、一茶と同様に子どもの潜在的な働きを認めている点では共通しています。

①　個性的な存在としての子ども

さらに、子どもは個性的であり、それを認め受け入れてあげることが大切だということです。子どもの中には、それは手のかからない子もいるでしょう。しかし、中には反応が強くて、鳴き声が大きいとか寝付きが悪いとか、食欲にむらがあるなどの、いわゆる「マザーキラー」と呼ばれる母親泣かせの子どもや、何をするにも時間のかかる子、つまり「スロースターター」もいます。「十人十色」という言葉がありますが、ありのままの子どもの性質を温かく受け入れてあげること、それに長い目で子どもを見守ってあげる寛容さが大切です。それに関して、一茶の句をもう一つ紹介しておきましょう。それは、「蝸牛そろそろ登れ　富士の山」という句です。小さな蝸牛がいつたどり着けるか分からない山頂をめざして懸命に登る姿に〝そろそろ登りなさい〟と励ましています。ここにも、長い目で見る温かなまなざしが感じられます。

②　反抗期の捉え方〜反抗期は学びの大切な時期〜

もう一つ、親の子育てに関係した考え方の見直しがあります。それは、反抗期の捉え方です。成人するまでのいわゆる「子ども時代」には、一般に三回の反抗期があるといわれています。その第一の時期が一歳半から二歳ぐらいの頃です。この時期、駄々をこねたり、まったくお母さんなどが言うことと反対のことをしたり、あるいはいろいろとうるさいぐらいに質問したりする傾向があります。それに対して、よく親が過剰に反応して叱る場合を時々見かけることがあります。しかし、この時期こそ人間の将来の「学び」の成長にとって欠かせない時期といってもよいのです。とくに、いろいろなことを質問したりすることは、ものに興味をもっていることであり、深く考えるための基本ともいうべき「疑問をもつ」ということが起きている証拠なのです。したがって、そうした場合は、できるだけ寄り添い、向き合ってあげ、誠実に温かく応えてあげる心の余裕が必要であるということです。

③　複数のネットワークの中で育つ子ども

さらに重要なことは、子どもは他の人間と関わりをもち、他者との活動に参加することで学び成長するということです。

たった一人の親に守られて過ごす家庭は、平穏無事であっても、子どもの育ちや学びを活発化するためには、人的刺激が乏しい場であるといわなければなりません。つまり、複数の愛情対象をもっていることは、長期的に見ても子どもの成長にプラスに働くといえます。

以上、子ども観・子育て観の見直しについて五つの点を紹介しましたが、どの点も重要であり、これから述べる子育て支援を実際に行っていく場合の基盤になりますのでぜひ理解しておいていただければと思います。

(イ)子育てのためのシステム改革〜子どもと親が安心して育児ができる連携体制〜

では次に、今後子育て支援のために具体的にどのように改革していくべきなのかについて考えてみたいと思います。子育て支援策としては、国、自治体、企業、医療機関、教育機関、NPO団体などそれぞれの役割があると考えられます。これらがそれぞれの役割を十分果たしていき、確固とした連携体制を構築していくことこそ最も重要なことであると考えます。

① 国の役割

わが国で、二〇一五年四月から子ども・子育て支援新制度を本格的にスタートして以来、保育の量的、保育の質の向上、子育て当事者および子育て支援当事者の意向反映などを目指し、市町村が実施主体となり、かつ、都道府県も一定の役割を担うなど地方分権を推進してきています。地方分権の推進自体は重要な方向性ですが、必ずしもそのまま国の役割が縮小するわけではなく、当然国の役割は全体に変わるわけですから重要であることは言うまでもありません。

子育て支援対策を強化・充実させていくことは、安心して出産・育児ができる社会の構築につながっていくことであり、現在の政府においては、その観点からも速やかに改善策を示していくことが何よりも重要であると考えます。現在、国の少子化対策に関連させた子育て支援対策の柱は、「児童手当など経済的支援の強化」「学童保育や病児保育、産後ケアなどの支援拡充」「働き方改革の推進」の三つとなるかと思います。

この点に関して、政府は二〇二三年六月一三日に「こども未来戦略会議」（議長・岸田文雄首相）において「次元の異なる少子化対策」の方針を決めました。

「児童手当など経済的支援の強化」について、その中で、経済支援策の中核となるのは、児童手当の支給額拡大です。二〇二四（令和六）年一〇月から児童手当を拡充することとしました。具体的には、二〇二四年度から二〇二六年度の三年を集中対策機関と位置づけ、年三兆円台半ばを追加投入することとしました。現行制度では、中学生まで一人当たり原則一万～一万五千円が支給されていますが、「一八歳になった後の三月末まで」に拡大して、所得制限を全廃し、併せて、一六歳から一八歳の子どもがいる世帯の税負担を軽減する扶養控除は関係をどう考えるか整理するとしています。いずれにせよ、安定財源の確保が不可欠です。ちなみに、こども家庭庁の来年度予算案の総額は四・八兆円であるが、そのうち、児童手当は一・二兆円と予算の四分の一を占めています。これらの財源は一体どこから捻出してくるのでしょうか。現時点では、「徹底した歳出改革により確保することを原則」としており、国民に追加負担を生じさせないと首相は語っていますが、必ず国民のどこかには負担がかかるのではないかと懸念しています。加えて、育児休業給付については、二〇二五年度から休業前手取りの実質一〇割に上げるとし、さらに出産を巡る経済的負担の軽減に向けて、二〇二六年度からの出産費用の保険適用などを進めるとしています。

「学童保育や病児保育、産後ケアなどの支援拡充」については、子育て家庭向けサービスの拡充の観点から、産後ケア事業の利用料（自己負担額）の減免や、子どもの急な発熱に対応できる病児保育を行う施設の整備などが検討されています。学童保育を利用する際の申込書をオンライン化する見直しなども検討されています。

「働き方改革」では、仕事と育児の両立に向けた男性の育児休業の取得率向上が課題となっています。厚生労働省によると、二〇二二年度の取得率は約四七％に留まり、国が二〇二六年度までの達成を目指す七〇％にはまだ開きがあります。誰が子育てを援助するかという場合、保育園あるいは地域子育て支援センターのような機関の役割はもちろん重要ですが、最も身近な主体は「父親」です。すなわち、子育ての際、父親が子育てを共有し、積極的に参加していくことは、きわめて重要な問題であるといってよいでしょう。現在、外国では、この点についてさまざまな改善策が各国で打ち出されてきています。たとえば育児休暇対策に関して、オランダではワークシェアリング（仕事の分かち合い）、すなわち一人一人の労働者の労働時間を短縮することにより、全体として雇用者数の維持・増大を図ろうとする考え方に基づいて、「一・五稼働モデル」という夫（一・〇）、妻（〇）という比率を夫（〇・七五）、妻（〇・七五）とする考え方が導入されています。また、スウェーデンやノルウェーでは、パパ・クウォーター制という、母親だけでなく、父親も必ず一ヶ月の育児休暇を取るという割り当て制を設けており、父親は出産時は一〇日間の休暇、一五ヶ月の育児休暇のうち一ヶ月は父親が取るように設定されています。[4]

　また、ワークライフバランスの問題も現在重要な課題といえます。誰もが仕事と生活の調和のとれた働き方ができる社会を実現することは、国民一人一人が意欲を持って働きながら豊かさを実感して暮らせるようにする観点から、また、わが国の社会経済の長期的安定を実現する観点から、重要な課題といえます。現在、厚生労働省では、「厚生労働省における女性活躍とワークライフバランス推進のための取り組み計画」（計画期間：令和三年度〜令和七年度）を発表し、次のような具体的政策を推進しようとしています。とくにワークライフバランスについては、大きく①業務効率化・デジタル化の推進、②勤務時間管理のシステム化と勤務時間管理の徹底、③マネジメント改革、④仕事と生活の両立支援の四項目です。①業務効率化・デジタル化の推進についての具体的な内容としては、テレワークの推進、ペーパレス化の徹底などであり、②勤務時間管理のシステム化と勤務時間管理の徹底については、勤務時間管理システムの早期の導入、的確な勤務時間管理。超過勤務縮減などです。③マネジメント改革については、職員のやりがい向上を踏まえた管理職員のマネジメント向上、人材育成のための人事担当の役割の具体化、職員・職場の状況把握などであり、④仕事と生活の両立支援については、男性の育児参加促進等のこれまでの取組に加え、不妊治療時や妊娠期における支援などであり、令和七年度までには男性職員の育児休業率を七〇％に引き上げようと計画しています。

② 自治体の役割

子どもと家族が抱える問題が多様化、複雑化する中、わが国の地域子育て支援は一層重要性を増してきています。多様なニーズに合わせた、きめ細かな支援を展開するためには、より高い専門性をもった人材の確保や多くの期間の連携体制の構築が何より重要です。すでに二〇一五年度（平成二七）年四月に施行された「子ども・子育て支援法」は、わが国の急速な少子化の進行や子育ての孤立化と負担感の増加、学童保育不足、そして待機児童問題などを打開していくために、①質の高い幼児期の学校教育、保育の総合的な提供、②保育の量的拡大・確保と教育・保育の質の保障、③地域の実情に応じた子ども・子育て支援の充実を図ることを目的とした。子育て給付については、現金給付としての児童手当の支給と子どものための教育・保育給付として「施設型給付費」の支給と「地域型保育給付費」があり、前者の対象は幼稚園、保育所、認定子ども園であり、教育・保育を受ける子どもについて、三歳未満・三歳以上の年齢と教育・保育時間に応じた三つの設定区分が設けられることになりました。一方、「地域型保育給付費」は、都市部の待機児童問題を緩和するために、〇～二歳児を対象とした保育事業であり、種類としては、小規模保育（六人～一九人定員）、家庭的保育（一人～五人定員）、居宅訪問型保育（保育を必要とする子どもの居宅に出向いて行う）、事業所内保育（事業所の従業員の子どもと地域の子どもを対象とする）があります。

地域の子育て支援の場合、給付とさまざまな支援事業を総合的かつ効率的に行っていく必要があります。その場合重要な視点として、都会と地方、あるいは都市部と農村部では多少具体的な問題状況が異なるのも事実であり、地域の実情に合わせて市町村が行うことです。たとえば、人口が少なく少子高齢化が著しい地域では、たとえ事業計画を立てても、マンパワー不足が発生してきます。それを解消していくためには、縦割り行政を超えた広域的な協力と連携、そして多機関協働の実現が必要であるといえます（砂山真喜子、北川節子「子ども・子育て支援における市町村の役割と多機関協働に関する一考察」金沢

星稜大学人間科学研究第9巻第2号、平成二八年九月、一七頁参照)。

次に、「地域子育て支援センター」の役割について考えみましょう。現在、その役割はきわめて重要になってきています。地域子育て支援センターとは、在宅の親と子どもが居場所として、親子が自由に集まって遊ぶだけでなく、友人を見つけたり、育児相談を行える場所です。厚生労働省の政策を受けて、自治体が地域子育て支援センターの予算を確保して、運営をそれぞれ社会福祉法人に委託したものとしては、大きく二つの型があります。一つは「保育園併設型」であり、もう一つは「センター独立型」です。保育園併設型は、基本的な考えとして働く親の子育てを援助する一方で、家で育児に専念する親たちを支える活動も展開しています。一方センター独立型は、地域子育て支援センターだけが独立したものです。

③　その他の機関の役割

これまで子育て支援するためのさまざまな機関の役割について述べてきましたが、それ以外のさまざまな機関の役割をいくつか紹介したいと思います。

まず、最近とくに注目されていますのが、自分たちでNPOを設立し、親子の居場所づくりに取り組んでいるお母さんたちの存在です。たとえば、一定の施設利用分担金や入会金、月会費などを運営費として集めて、空き店舗や小学校の空き教室、または公共施設の一画でも、場所に工夫を加えて、さらに鍵になる人を中心に親子の居場所をつくっているところが増えています。なお平成一四年度から、新たにNPOにも委託可能な「つどいの広場事業」という補助金制度をスタートさせました。今後、さらに注目度が増すだろうと考えます。

また、現在高齢化が進む中で、子育てや仕事に区切りのついた中高年の方々が、子や孫にあたる世代の子育て支援で活動し活躍しています。たとえば、広島県のある町では、平成一四年一二月から、痴呆性高齢者グループホームの一室を借りて「託児センター」を開きました。そこでは、養成講座の研修を受けた一七人がサポーターとして交代勤務しています。生後二ヶ月から一〇歳までの子どもを対象として、月曜日から土曜日まで、午前八時から午後八時まで行っています。また、保育施設への送迎や留守中の保育・家事援助なども行っています。他人だからこそ、逆に頼れることもあるでしょう。人とのつながりが希薄になった今、子育てを支える仕組みを地域に作りだし、若い親が苦しまないようにしたいという願いがこうした人たちの中に、いま広まりつつあります。

さらに、学生による子育て援助も今後重要になってくるのではないかと思います。

現在、一定の研修を受けた学生たちが、先に紹介した保育園やその他の子育て援助機関でボランティアとして活動しているケースも多く見られるようになってきました。これは、先のシルバー人材とは異なり、未来の親になる人たちですから、育児の楽しさや大変さを体験することも、子育て支援をしながら学ぶことができるという利点があります。つまり、「親になるための準備教育」というメリットがあるということです。こうした学生のボランティアなど積極的に活用するためには、子育てに関係した機関と大学や専門学校などとの緊密な連携が重要になってくると考えられます。

以上、子どもの成長の視点に立つ子育てを中心に現代の子育て問題を考えてきました。とくに、そのためにも、根本から子育てを援助・支援することに対する意識改革とシステム改革が両輪となって、今後一層進められていかなければならないと考えます。

注

1 柏木恵子『子育て支援を考える』岩波ブックレット（No.555）、二〇〇一年、四四頁
2 信濃教育会編『一茶全集』（第一巻）信濃毎日新聞社、一九七七年参照
3 朝日新聞、二〇〇二年一月五日掲載
4 同前書、一七六〜一八二頁参照

参考文献

保育研究所編『ポイント解説 子ども・子育て支援新制度—活用・改善ハンドブック』、二〇一五年
大豆生田 啓友、森上 史朗、太田 光洋 編『よくわかる子育て支援・家庭支援論』、二〇一四年

（2）子ども虐待における連携体制

（ア）児童（子ども）虐待の定義

児童（子ども）虐待の定義については、二〇〇〇（平成一二）年制定された「児童虐待防止法」の第二条に次のように規定されています。

「この法律において、「児童虐待」とは、保護者（親権を行う者、未成年後見人その他の者で、児童を現に監護する者をいう。以下同じ。）がその監護する児童（十八歳に満たない者をいう。以下同じ。）に対し、次に掲げる行為をすることをいう。

一　児童の身体に外傷が生じ、又は生じるおそれのある暴行を加えること。

二　児童にわいせつな行為をすること又は児童をしてわいせつな行為をさせること。

三　児童の心身の正常な発達を妨げるような著しい現職又は長時間の放置その他の保護者としての監護を著しく怠ること。

四　児童に著しい心理的外傷を与える言動を行うこと。」

また、厚生労働省の児童虐待に関するホームページでは、児童虐待は以下のように4種類に分類され、具体的な事例が掲示されています。

【身体的虐待】殴る、蹴る、叩く、投げ落とす、激しく揺さぶる、やけどを負わせる、溺

れさせる、首を絞める、縄などにより一室に拘束する　など

【性的虐待】子どもへの性的行為、性的行為を見せる、性器を触る又は触らせる、ポルノグラフィの被写体にする　など

【ネグレクト】家に閉じ込める、食事を与えない、ひどく不潔にする、自動車の中に放置する、重い病気になっても病院に連れて行かない　など

【心理的虐待】言葉による脅し、無視、きょうだい間での差別的扱い、子どもの目の前で家族に対して暴力をふるう（ドメスティック・バイオレンス：ＤＶ）、きょうだいに虐待行為を行う　など

（イ）児童虐待の発生要因

さらに、虐待の発生要因としては次の五つの点が挙げられます。第一は、社会からの孤立である。自分の家が生活の中心で、地域から孤立することにより育児・養育不安となる場合です。第二は、夫婦関係の不安定などによる家庭の状況の問題です。それに関して、幼い子どもの前での夫婦げんかも第五の虐待といわれることもあります。第三は、親自身が虐待を受けていた経験があるというような親の生育歴の問題です。第四は、子どもの慢性疾患や障がいなどによる子どもへの拒否的感情などによる子ども自身が要因となる場合です。そして第五は、たとえばきょうだいを比較したりし特定の子どもに愛情を注ぐと

いった親と子どもとの関係の問題です。

（ウ）児童虐待の現状

次に、児童虐待の現状および推移について考えてみましょう。これについては、厚生労働省が公表した二〇二一年度（令和三年度）の「児童相談所による児童虐待相談対応件数とその推移」、「児童相談所での虐待相談の内容別件数の推移」、「児童相談所での虐待相談の経路別件数の推移」のそれぞれのデータに顕著に表れています。

相談対応件数に関しては、一〇年前の平成二四年では六六、七〇一件に対して令和三年度は二〇、七六五九件となり、前年度との比較においても二、六一五件（＋一・三％）増加し、過去最多を更新していることがわかります。

【対応件数の内訳】

心理的虐待八八、三八九（五五・三％）、身体的虐待四〇、二五六（二五・二％）、ネグレクト二九、四七四（一八・四％）、性的虐待一、七三一（一・一％）

【相談対応経路別件数】（多い順に）

警察等七九、一五〇（五〇％）、近隣・知人二一、四四〇（一三％）、その他一八、一三八（一一％）、学校等一一、四四九（七％）、家族一一、一七八（七％）

児童相談所での児童虐待相談対応件数とその推移

1．令和３年度の児童相談所での児童虐待相談対応件数

令和３年度中に、全国225か所の児童相談所が児童虐待相談として対応した件数は 207,659 件（速報値）で、過去最多。

※ 対前年度比＋1.3%（2,615件の増加）（令和２年度：対前年度比＋5.8%（11,264件の増加））
※ 相談対応件数とは、令和３年度中に児童相談所が相談を受け、援助方針会議の結果により指導や措置等を行った件数。

2．児童虐待相談対応件数の推移

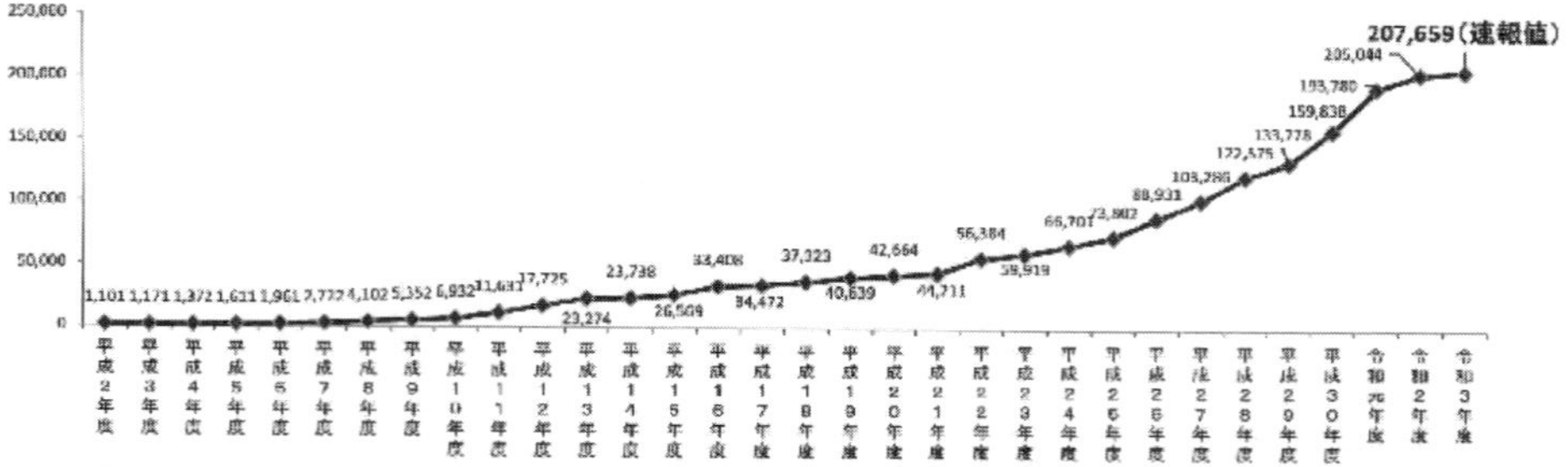

年度	平成21年度	平成22年度	平成23年度	平成24年度	平成25年度	平成26年度	平成27年度	平成28年度	平成29年度	平成30年度	令和元年度	令和2年度	令和3年度（速報値）
件数	44,211	注 56,384	59,919	66,701	73,802	88,931	103,286	122,575	133,778	159,838	193,780	205,044	207,659
対前年度比	+3.6%	−	−	+11.3%	+10.6%	+20.5%	+16.1%	+18.7%	+9.1%	+19.5%	+21.2%	+5.8%	+1.3%

（注）平成22年度の件数は、東日本大震災の影響により、福島県を除いて集計した数値。

3．主な増加要因

○ 心理的虐待に係る相談対応件数の増加（令和２年度： 121,334件→令和３年度：124,722件（+3,388件））
○ 家族親戚、近隣知人、児童本人等からの通告の増加（令和２年度： 46,521件→令和３年度：47,948件（+1,427件））

（令和２年度と比して児童虐待相談対応件数が増加した自治体からの聞き取り）
○ 虐待相談窓口の普及などにより、家族親戚、近隣知人、児童本人等からの通告が増加。

22　　1

児童相談所での虐待相談の経路別件数の推移

○ 令和3年度に、児童相談所に寄せられた虐待相談の相談経路は、警察等、近隣・知人、家族・親戚、学校からが多くなっている。

	家族親戚	近隣知人	児童本人	都道府県指定都市・中核市			市町村		児童福祉施設		保健所・医療機関		警察等	児童委員	学校等			その他	総数
				児童相談所	福祉事務所	保健センター	福祉事務所	保健センター	保育所	児童福祉施設	保健所	医療機関			幼稚園	学校	教育委員会		
22年度	8,908 (15.8%)	12,175 (21.6%)	696 (1.2%)	3,152 (5.6%)	1,324 (2.3%)	372 (0.7%)	5,535 (9.8%)	453 (0.8%)	862 (1.5%)	722 (1.3%)	165 (0.3%)	2,116 (3.8%)	9,135 (16.2%)	208 (0.4%)	216 (0.4%)	5,197 (9.2%)	254 (0.5%)	4,904 (8.7%)	56,384 (100.0%)
23年度	8,949 (14.9%)	12,813 (21.4%)	741 (1.2%)	3,621 (6.0%)	1,282 (2.1%)	340 (0.6%)	5,160 (8.6%)	366 (0.6%)	882 (1.5%)	634 (1.1%)	202 (0.3%)	2,310 (3.9%)	11,142 (18.6%)	220 (0.4%)	213 (0.4%)	5,536 (9.2%)	313 (0.5%)	5,195 (8.7%)	59,919 (100.0%)
24年度	8,664 (13.0%)	13,739 (20.6%)	773 (1.2%)	4,165 (6.2%)	1,220 (1.8%)	424 (0.6%)	5,339 (8.0%)	375 (0.6%)	909 (1.4%)	689 (1.0%)	221 (0.3%)	2,653 (4.0%)	16,003 (24.0%)	233 (0.3%)	211 (0.3%)	5,730 (8.6%)	303 (0.5%)	5,050 (7.6%)	66,701 (100.0%)
25年度	8,947 (12.1%)	13,866 (18.8%)	816 (1.1%)	4,835 (6.6%)	1,195 (1.6%)	375 (0.5%)	5,428 (7.3%)	292 (0.4%)	881 (1.2%)	799 (1.1%)	179 (0.2%)	2,525 (3.4%)	21,223 (28.8%)	225 (0.3%)	213 (0.3%)	6,006 (8.1%)	279 (0.4%)	5,723 (7.8%)	73,802 (100.0%)
26年度	9,802 (11.0%)	15,636 (17.6%)	849 (1.0%)	5,806 (6.5%)	1,448 (1.6%)	482 (0.5%)	5,625 (6.3%)	353 (0.4%)	906 (1.0%)	808 (0.9%)	155 (0.2%)	2,965 (3.3%)	29,172 (32.8%)	225 (0.3%)	259 (0.3%)	6,719 (7.6%)	278 (0.3%)	7,443 (8.4%)	88,931 (100.0%)
27年度	10,936 (10.6%)	17,415 (16.9%)	930 (0.9%)	6,372 (6.2%)	1,428 (1.4%)	429 (0.4%)	5,708 (5.5%)	339 (0.3%)	1,047 (1.0%)	676 (0.7%)	192 (0.2%)	3,078 (3.0%)	38,524 (37.3%)	179 (0.2%)	288 (0.3%)	7,546 (7.3%)	349 (0.3%)	7,848 (7.6%)	103,286 (100.0%)
28年度	11,535 (9.4%)	17,428 (14.2%)	1,108 (0.9%)	6,747 (5.5%)	1,499 (1.2%)	428 (0.3%)	6,174 (5.0%)	306 (0.2%)	947 (0.8%)	825 (0.7%)	203 (0.2%)	3,109 (2.5%)	54,812 (44.7%)	157 (0.1%)	248 (0.2%)	8,264 (6.7%)	338 (0.3%)	8,447 (6.9%)	122,575 (100.0%)
29年度	11,835 (8.8%)	16,982 (12.7%)	1,118 (0.8%)	6,328 (4.7%)	1,332 (1.0%)	457 (0.3%)	6,294 (4.7%)	273 (0.2%)	1,047 (0.8%)	999 (0.7%)	168 (0.1%)	3,199 (2.4%)	66,055 (49.4%)	131 (0.1%)	333 (0.2%)	8,605 (6.4%)	343 (0.3%)	8,279 (6.2%)	133,778 (100.0%)
30年度	13,492 (8.4%)	21,449 (13.4%)	1,414 (0.9%)	7,460 (4.7%)	1,345 (0.8%)	428 (0.3%)	6,986 (4.4%)	348 (0.2%)	1,397 (0.9%)	1,042 (0.7%)	216 (0.1%)	3,542 (2.2%)	79,138 (49.5%)	168 (0.1%)	406 (0.3%)	10,649 (6.7%)	394 (0.2%)	9,964 (6.2%)	159,838 (100.0%)
元年度	15,799 (8.2%)	25,285 (13.0%)	1,663 (0.9%)	9,313 (4.8%)	1,552 (0.8%)	467 (0.2%)	8,890 (4.6%)	396 (0.2%)	1,616 (0.8%)	1,255 (0.6%)	232 (0.1%)	3,675 (1.9%)	96,473 (49.8%)	148 (0.1%)	525 (0.3%)	13,856 (7.2%)	447 (0.2%)	12,188 (6.3%)	193,780 (100.0%)
2年度	16,765 (8.2%)	27,641 (13.5%)	2,115 (1.0%)	9,947 (4.9%)	1,466 (0.7%)	705 (0.3%)	8,265 (4.0%)	405 (0.2%)	1,607 (0.8%)	1,346 (0.7%)	233 (0.1%)	3,427 (1.7%)	103,625 (50.5%)	150 (0.1%)	479 (0.2%)	13,644 (6.7%)	553 (0.3%)	12,671 (6.2%)	205,044 (100.0%)
3年度（速報値）	17,344 (8.4%)	28,075 (13.5%)	2,529 (1.2%)	9,584 (4.6%)	1,634 (0.8%)	808 (0.4%)	9,044 (4.4%)	309 (0.1%)	1,563 (0.8%)	1,188 (0.6%)	226 (0.1%)	3,608 (1.7%)	103,104 (49.7%)	135 (0.1%)	524 (0.3%)	13,872 (6.7%)	448 (0.2%)	13,469 (6.5%)	207,659 (100.0%)

※ 割合は四捨五入のため、100%にならない場合がある。
※ 平成22年度は、東日本大震災の影響により、福島県を除いて集計した数値である。

26

5

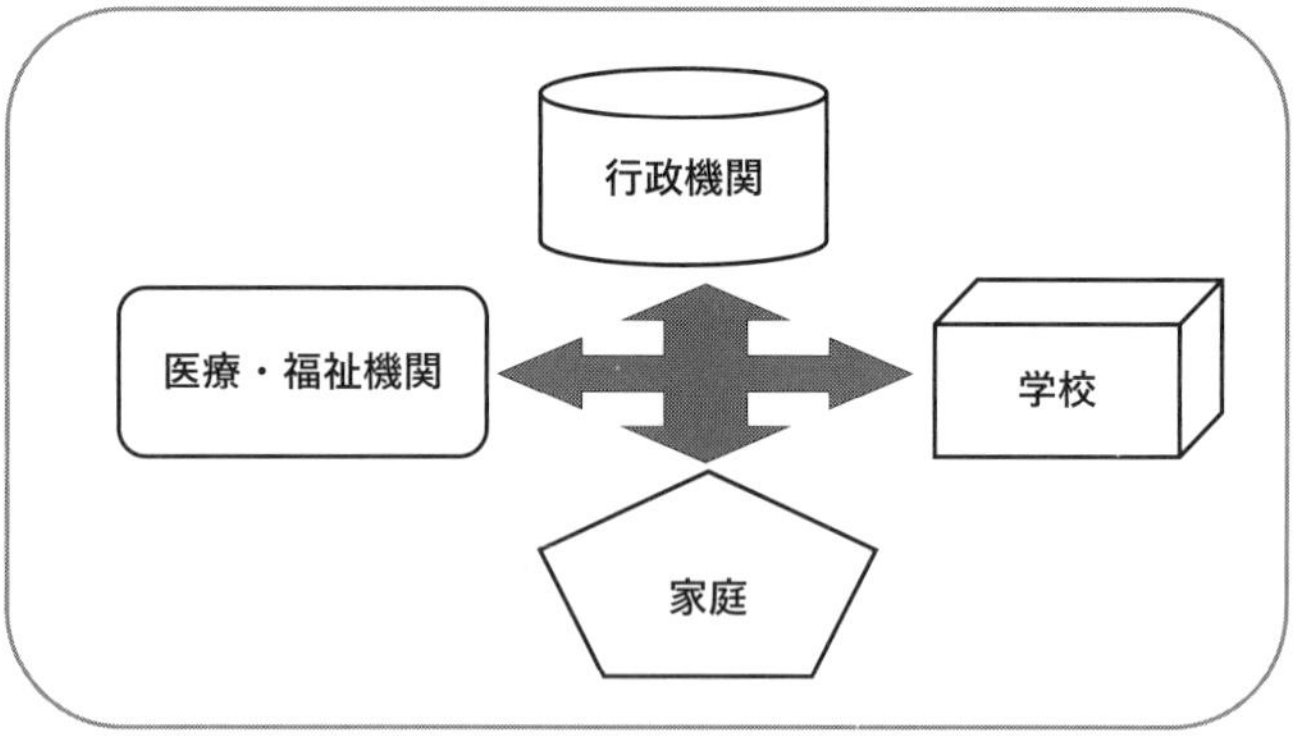

【相談対応件数の主な増加理由】

心理的虐待に係る相談対応件数の増加、警察等からの通告の増加

二〇一三年度（平成二五年度）に、全国に二〇七カ所ある児童相談所（児相）が児童虐待の相談や通報を受けて対応した件数は、前年度より七、〇六四件多い七万三、七六五件であり、一九九〇年度（平成二年度）に統計を取り始めて以来過去最多を更新しました。また、近年虐待を受けた子どもにきょうだいがいた場合、きょうだいについても「心理的虐待」として対応するよう指針を改正し、また、親が子どもの目の前で配偶者に暴力を振るう「面前ＤＶ（ドメスティック・バイオレンス）」についても「心理的虐待」として積極的に通告するようになっています。

このように増加しているということは、この子ども虐待をどのように解決していけばよいのでしょうか。また、教育機関、とりわけ学校はどのような役割を果たしていくべきなのでしょうか。やはり、何よりも諸機関の連携が重要であることは間違いありません。では、具体的にどのような連携体制が必要かについて考えてみましょう。

子ども虐待に関して、とくに連携体制で重要なのは、前頁の四つの機関になります。家庭、学校、行政機関、医療・福祉機関です。さらに具体的には次の八つの機関が主な関係機関となります。

①児童相談所、②福祉事務所、③教育機関（幼稚園、保育園、小中学校など）、④医療機関（病院）、⑤児童福祉施設（児童養護施設や乳児院など）、⑥警察、⑦弁護士会、⑧家庭裁判所

（エ）関係機関の連携体制

まず、子ども虐待に直接関連する機関として児童相談所があります。同所は、児童福祉法第十五条により、児童福祉の第一線の専門機関として、都道府県・指定都市に設置されている。同所には、児童福祉士、心理判定員、保育士、医師（精神科、小児科など）などが配置され、ケースワーク機能、判定機能、一時保護機能、措置機能、家庭裁判所への法的申し立てなどの機能や権限を持っています。同所が行う主な援助としては、相談調査、立ち入り調査、一時保護、施設入所措置、親権喪失の申し立てなどがあります。都道府県

は、児童相談所を設置しなければなりません。

しかし、単に児童相談所だけで対応できるわけではないことはいうまでもありません。では、どのような他の機関が関わってくるのでしょうか。

次に福祉事務所です。同所は、生活保護、児童家庭、高齢者、障がい者等に関する、地域住民の福祉を図るための総合的な社会福祉行政機関です。同所には、家庭における子どもの健全育成、家庭と児童の福祉を図ることを目的として「家庭児童相談室」が設置され、家庭相談員が配置されています。専門的な心理検査や診断を必要とする場合や子どもの虐待などが疑われる場合には、同所は児童相談所と連携して対応していかなければなりません。

教育機関の役割は、虐待の早期発見という点から極めて重要です。保育所・幼稚園・学校は、子どもたちが家庭から離れて集団生活する場であり、子どもが安心して過ごすことのできる所であるとともに、虐待の発見、虐待の防止ができる場としての役割を果たします。保育所や幼稚園は、母親を中心とした親との接点も多く、虐待第一発見者になる場合が多くあります。子どもの虐待を発見した場合は、速やかに、児童相談所や福祉事務所（家庭児童相談室）に相談することが重要です。また学校は、虐待を受けている児童生徒に気づいたときには、担任、養護教諭、スクールカウンセラー等が個別の教育相談を行うとともに、児童相談所や福祉事務所に相談することが必要です。

医療機関（病院）も、早期発見のために欠かせない機関です。診療の場では、明らかな虐待や虐待が疑われる事例がしばしば発見されます。虐待が疑われる場合には、児童相談所に通告し、関係機関と協力しながら援助活動を行います。病院では、子どもの早期治療を行い、生命に危険がある場合や症状が重傷な場合は、すぐに入院させます。また、とくに生命に危険がない場合でも、在宅では子どもの安全が確保できないと思われるケースには、入院を勧めることがあります。虐待の対応には、医療の専門性に加えて、法律やソーシャルワーク等の専門性も必要でしょう。なお、病院によっては医療相談室が設置されているところもあります。

さらに、虐待を受けた子どもたちを健全に育成していくための環境整備も重要です。中でも児童福祉施設（児童養護施設、乳児院など）の役割は大切です。虐待などにより、子どもが保護者のもとで養育されることが困難なときに、児童相談所は児童福祉施設入所の措置をとり、子どもに生活の場を提供する。児童養護施設や乳児院などは、親のいない子どもを預かる施設というイメージがありますが、最近では親のいる子どもの入所が多くなっています。これは、近年、虐待など家庭環境等の理由から社会的支援が必要な子どもが増加していることを示しています。なお、厚生労働省は、二〇〇六年度（平成一八年度）から虐待を繰り返す親に対する心理治療の取組を開始することを決定し、児童福祉施設に心理治療の担当者を常勤させ、「家族治療」（子どもだけでなく、家族全体で当事者として解決法を探る心理療法）を施して親子関係の修復を図るとしています。具体的には、全国に約一、〇〇〇カ所ある施設のうち五二三カ所で家族療法ができるようにするとしています。

こうした機関以外にも、たとえば警察や弁護士会、家庭裁判所なども連携体制の機関として関わってくるでしょう。

警察の場合は、虐待を受けている子どもの保護や、暴行、傷害などの犯罪に該当する虐待事案の捜査を行うということになります。家庭内で子どもの身の安全が脅かされているようなときや、児童福祉施設に対して保護者等が強引な取り引きを要求した場合、連絡を受けた警察はすみやかに援助を行うことになります。子どもの虐待に関する相談は、都道府県では一般に、警察本部少年課の少年相談電話や、生活安全課（係）で受けつけています。

弁護士会の場合は、とくに子どもの人権を守るうえで、弁護士による法的側面からの積極的な援助が要請されます。弁護士会としても、関係機関と連携し、子どもの虐待に関する啓発活動、救済活動に努めています。親族や児童相談所が虐待をしている親から子どもを守るため、親権喪失の請求や施設入所の承認の申し立てなどを行う場合、家庭裁判所への手続きに関与するほか、法的助言を行うといった役割があります。

最後に家庭裁判所です。同所は、家事事件と少年事件を専門に担当する裁判所です。子どもの虐待については、家事事件として、親権を乱用し虐待をしている親に対し、親族や検察官、児童相談所所長からの申し立てにより、親権喪失宣告の審判を行ったり、子どもを児童福祉施設に入所させる承認の判断をします。

以上紹介して機関が個々別々ではなく、各地域においてしっかりとした子ども虐待対策ネットワークをつくりあげていくことが何よりも大切なことです。平成一六年度より、児童福祉法の改正に基づき、「子どもの相談」を幅広く受けとめる窓口を児童相談所から市町村に移し、相談所は虐待などの困難なケースを扱う専門機関としました。連携不足による悲劇を防ぐために、市町村や学校、警察、医師会などが共同で対策に当たるネットワーク「地域協議会」を新たに法定化しました。地域で育つ子どもの実態把握と相談対応、必要な調査、指導を市町村の責務と明記したことは意義深いと思います。相談所は、その後方支援に当たるほか、子どもの保護や医学的、心理的ケアを必要とする深刻なケースを扱うよう分担します。今後子どもの虐待を未然に防ぐ方策や、早期発見のための方策などをさまざまな機関の実質的な連携のもとで構築していくことは緊急の課題といってよいでしょう。

（3）いじめにおける連携体制

（ア）現在のいじめの状況

二〇二二（令和四）年一一月二四日に文部科学省初等中等教育局から発表された「いじめの状況及び文部科学省の取組について」の報告によれば、小・中・高等学校及び特別支援学校におけるいじめの認知件数は六一五、三五一件（前年度五一七、一六三件）であり、前年度に比べ九八、一八八件（一九・〇％）増加しており、過去最高となっています。とくに小学校がその八一％を占めています。またコロナ禍の影響もあり、令和二年度は全学年で前年度より減少したものの、学年別でも小学校一年生から高校三年生まで、全学年で前年度と比較して増加しています。このように、学校におけるいじめ問題は依然として深刻な問題であると言えます。[1]

また、先の報告に基づく「いじめの態様別状況について」の調査結果によれば、圧倒的に多いのは「冷やかしやからかい、悪口や脅し文句、嫌なことを言われる。」であり、全学校種で平均約五五％にも上っています。このことからも言葉による暴力、コミュニケーションの問題であることがわかります。続いて多いのが「軽くぶつかられたり、叩かれたり、蹴られたりする。」で身体的な暴力となっています。[2]

いじめの状況について

小・中・高等学校及び特別支援学校における，いじめの認知件数は543，933件（前年度414，378件）と前年度より，129，555件増加しており，児童生徒1，000人当たりの認知件数は40．9件（前年度30．9件）である。

認知件数について，全校種（小学校は425，844件，中学校は97，704件，高等学校は17，709件，特別支援学校は2，676件）で増加している。

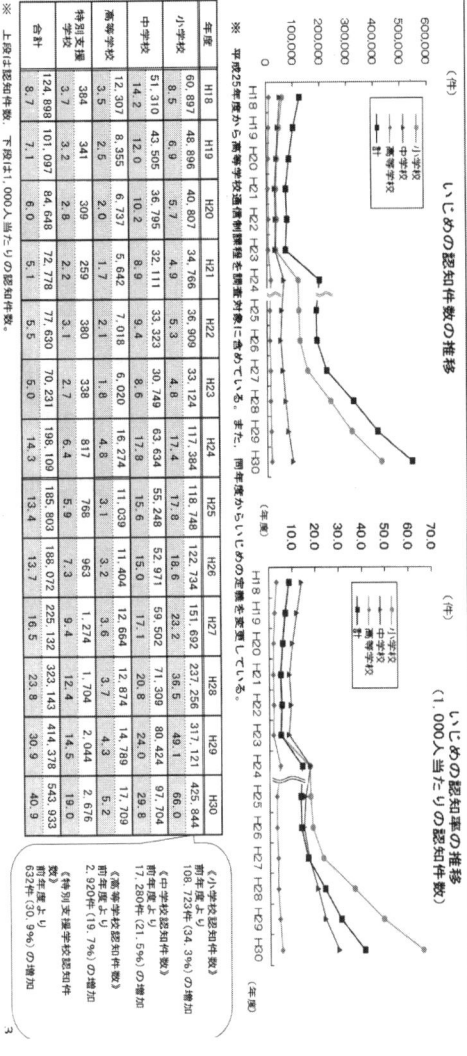

いじめの認知件数の推移

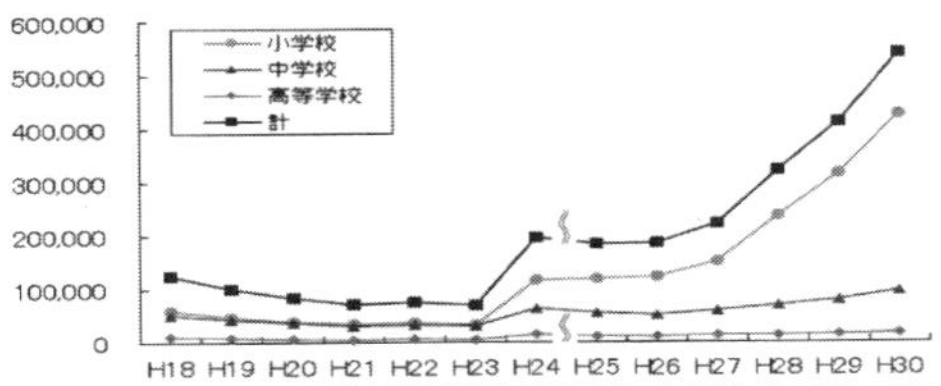

いじめの認知率の推移
（1，000人当たりの認知件数）

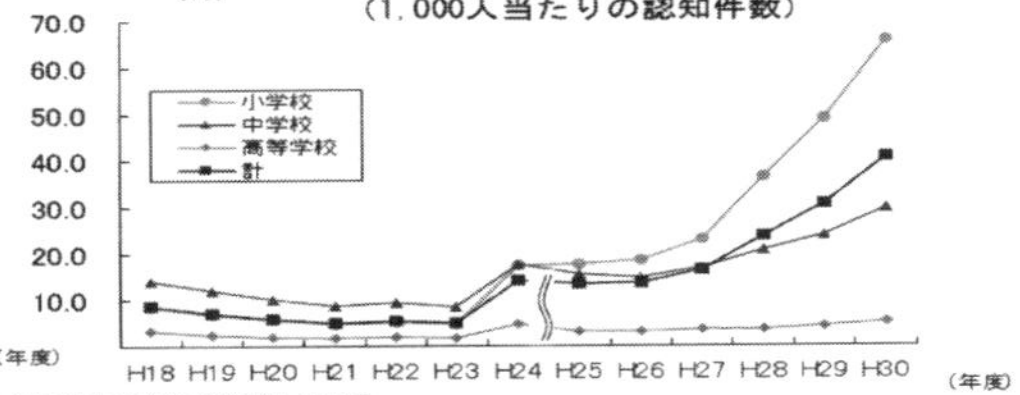

※　平成25年度から高等学校通信制課程を調査対象に含めている。また，同年度からいじめの定義を変更している。

年度	H18	H19	H20	H21	H22	H23	H24	H25	H26	H27	H28	H29	H30
小学校	60，897	48，896	40，807	34，766	36，909	33，124	117，384	118，748	122，734	151，692	237，256	317，121	425，844
	8．5	6．9	5．7	4．9	5．3	4．8	17．4	17．8	18．6	23．2	36．5	49．1	66．0
中学校	51，310	43，505	36，795	32，111	33，323	30，749	63，634	55，248	52，971	59，502	71，309	80，424	97，704
	14．2	12．0	10．2	8．9	9．4	8．6	17．8	15．6	15．0	17．1	20．8	24．0	29．8
高等学校	12，307	8，355	6，737	5，642	7，018	6，020	16，274	11，039	11，404	12，664	12，874	14，789	17，709
	3．5	2．5	2．0	1．7	2．1	1．8	4．8	3．1	3．2	3．6	3．7	4．3	5．2
特別支援学校	384	341	309	259	380	338	817	768	963	1，274	1，704	2，044	2，676
	3．7	3．2	2．8	2．2	3．1	2．7	6．4	5．9	7．3	9．4	12．4	14．5	19．0
合計	124，898	101，097	84，648	72，778	77，630	70，231	198，109	185，803	188，072	225，132	323，143	414，378	543，933
	8．7	7．1	6．0	5．1	5．5	5．0	14．3	13．4	13．7	16．5	23．8	30．9	40．9

※　上段は認知件数，下段は1，000人当たりの認知件数。

《小学校認知件数》
前年度より
108，723件（34．3%）の増加

《中学校認知件数》
前年度より
17，280件（21．5%）の増加

《高等学校認知件数》
前年度より
2，920件（19．7%）の増加

《特別支援学校認知件数》
前年度より
632件（30．9%）の増加

3

いじめの発生にはさまざまな原因が考えられると思いますが、次に紹介する内藤朝雄の指摘は原因を探るうえでの重要な手がかりになると考えられます。氏は、著書『いじめの構造』（講談社現代新書、二〇〇九年）の中で、児童生徒のいじめの原因の根本に「ノリ」があると主張しています。「ノリ」とは、悪ノリのように、調子づくこと、にぎやかなことにすぐに釣り込まれて浮かれ出すことですが、氏は、学校生活の中にこの「ノリの秩序（群生秩序）」が存在しているとして、次のように述べています。

「空騒ぎしながらひたすらノリを生きている中学生のかたまりは、無秩序・無規範どころか群生秩序に隷従し、はいつくばって生きている。（中略）ノリの秩序（群生秩序）で、共同生活のその場その場で動いていく「いま・ここ」が正しさの基準となる。（中略）群れた中学生の小社会では、独特の「よい」と「悪い」が成立している彼らは、自分たちなりの独自の「よい」「悪い」に、大きな自信と自負を持っている。大勢への同調は「よい」。ノリがいいことは「よい」。周囲のノリにうまく調子を合わせるのは「よい」。ノリの中心にいる強者（身分が上の者）は「よい」。強者に対してすなおなのは「よい」。「悪い」とは、みんなのノリの側から「浮いている」とかムカツクといったふうに位置付けられることである。（以下略）[3]」

以上のように、一対一でのいじめよりは一対複数といった場合が多いのが現状であり、まさに朝野氏が指摘しているような群生秩序の中で発生するケースが多いと筆者も感じて

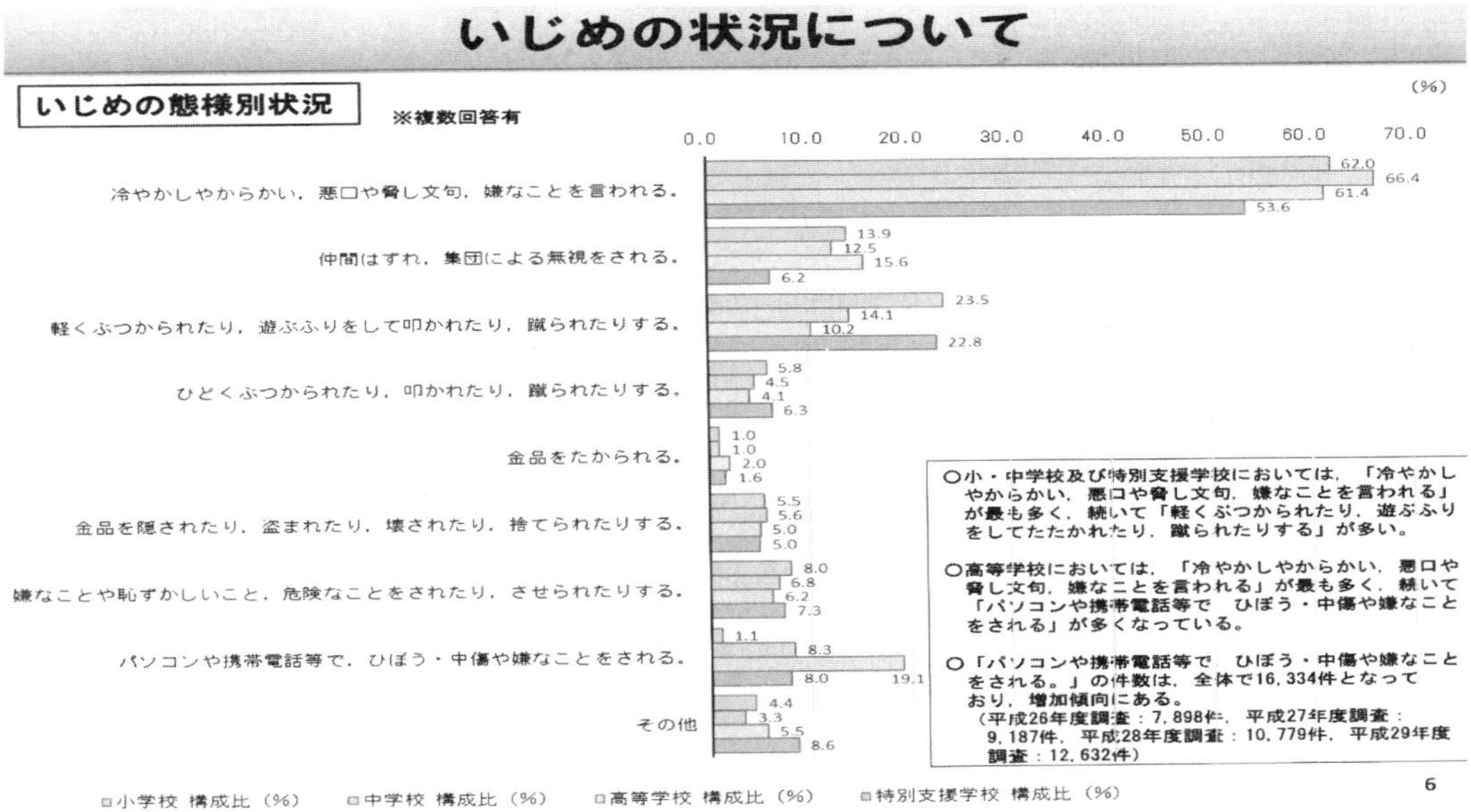
いじめの状況について
いじめの態様別状況
※複数回答有
(%)
0.0
10.0
20.0
30.0
40.0
50.0
60.0
70.0
冷やかしやからかい，悪口や脅し文句，嫌なことを言われる。
62.0
66.4
61.4
53.6
仲間はずれ，集団による無視をされる。
13.9
12.5
15.6
6.2
軽くぶつかられたり，遊ぶふりをして叩かれたり，蹴られたりする。
23.5
14.1
10.2
22.8
ひどくぶつかられたり，叩かれたり，蹴られたりする。
5.8
4.5
4.1
6.3
金品をたかられる。
1.0
1.0
2.0
1.6
金品を隠されたり，盗まれたり，壊されたり，捨てられたりする。
5.5
5.6
5.0
5.0
嫌なことや恥ずかしいこと，危険なことをされたり，させられたりする。
8.0
6.8
6.2
7.3
パソコンや携帯電話等で，ひぼう・中傷や嫌なことをされる。
1.1
8.3
19.1
8.0
その他
4.4
3.3
5.5
8.6
○小・中学校及び特別支援学校においては，「冷やかしやからかい，悪口や脅し文句，嫌なことを言われる」が最も多く，続いて「軽くぶつかられたり，遊ぶふりをしてたたかれたり，蹴られたりする」が多い。
○高等学校においては，「冷やかしやからかい，悪口や脅し文句，嫌なことを言われる」が最も多く，続いて「パソコンや携帯電話等で　ひぼう・中傷や嫌なことをされる」が多くなっている。
○「パソコンや携帯電話等で　ひぼう・中傷や嫌なことをされる。」の件数は，全体で16，334件となっており，増加傾向にある。
（平成26年度調査：7，898件，平成27年度調査：9，187件，平成28年度調査：10，779件，平成29年度調査：12，632件）
小学校 構成比（%）
中学校 構成比（%）
高等学校 構成比（%）
特別支援学校 構成比（%）
6

いじめの四層構造

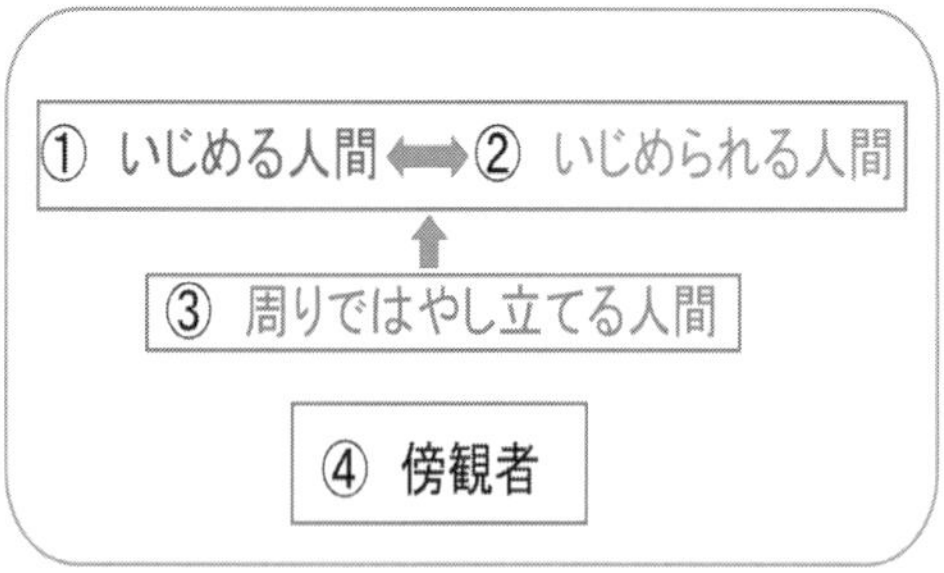

います。一般にいじめの構造には四つの層があると言われています。具体的には、①いじめる人間、②いじめられる人間、③周囲ではやし立てる人間、④傍観者です。つまり、①のいじめる人間は当然加害者であり最も悪いわけですが、③、④のそれぞれの人間もある意味共犯者になり得るとも考えられます。この辺りを学校では、教育上対策を講じていく場合の重要な視点ではないかと考えます。

(イ) これまでの動向

日本のいじめ問題は、とくに一九八五（昭和六〇）年頃から陰湿化し、より一層社会問題となってきました。とくに二〇一一（平成二三）年九月、滋賀県大津市で中学二年生の男子が、いじめが原因で自殺した事件が大きな問題となり、これを契機にいじめ問題が一気に国の重大な教育問題となっていきました。この事件では、教員はいじめを知っていたにもかかわらず、学校全体では事態を放置していました。同時に、市の教育委員会もそれに関する重要資料を公開しないということでその姿勢が批判されました。そして、この事件を契機に、いくつかの新たな改革（教育委員会の改革や道徳の教科化など）が実施されることになりました。いじめに直接関わる改革としては、二〇一三（平成二五）年九月に「いじめ防止対策推進法」の施行が挙げられます。同推進法の目的としては、同法「第一章総則」の第一条に次のように明記されています。

「（目的）第一条　この法律は、いじめが、いじめを受けた児童等の教育を受ける権利を著しく侵害し、その心身の健全な成長及び人格の形成に重大な影響を与えるのみならず、その生命又は身体に重大な危険を生じさせるおそれがあるものであることに鑑み、児童等の尊厳を保持するため、いじめの防止等（いじめの防止、いじめの早期発見及びいじめへの対処をいう。以下同じ。）のための対策に関し、基本理念を定め、国及び地方公共団体等の責務を明らかにし、並びにいじめの防止等のための対策に関する基本的な方針の策定について定めるとともに、いじめの防止等のための対策の基本となる事項を定めることにより、いじめの防止等のための対策を総合的かつ効果的に推進することを目的とする。[4]」

次の第二条一項では「いじめ」について次のように定義されています。

「（定義）第二条　この法律において「いじめ」とは、児童等に対して、当該児童等が在籍する学校に在籍している等当該児童等と一定の人的関係にある他の児童等が行う心理的又は物理的な影響を与える行為（インターネットを通じて行われるものを含む。）であって、当該行為の対象となった児童等が心身の苦痛を感じているものをいう。[5]」

ちなみに、ここでいう「学校」とは「学校教育法（昭和二十二年法律第二十六号）第一条に規定する小学校、中学校、高等学校、中等教育学校及び特別支援学校（幼稚部を除く。）をいいます。

そして、第三条の「基本理念」の三項には、いじめの防止対策として、国、地方公共団体、学校、地域住民、家庭その他の関係者の連携の下、いじめの問題を克服することを目指して行われなければならないことが記載されています。同時に第八条「学校及び学校の教職員の責務」においても、学校及び学校の教職員は、基本理念にのっとり、当該学校に在籍する児童等の保護者、地域住民、児童相談所その他の関係者との連携を図っていくことが記載されています。

このことを受けて、第十四条「いじめ問題対策連絡協議会」で、各地方公共団体に対して教育委員会と連携したいじめ問題対策連絡協議会を設置することを義務づけることにしました。具体的には次の通りです。

「第十四条　地方公共団体は、いじめの防止等に関係する機関及び団体の連携を図るため、条例の定めるところにより、学校、教育委員会、児童相談所、法務局又は地方法務局、都道府県警察その他の関係者により構成されるいじめ問題対策連絡協議会を置くことができる。
2　都道府県は、前項のいじめ問題対策連絡協議会を置いた場合には、当該いじめ問題対策連絡協議会におけるいじめの防止等に関係する機関及び団体の連携が当該都道府県の区域内の市町村が設置する学校におけるいじめの防止等に活用されるよう、当該いじめ問題対策連絡協議会と当該市町村の教育委員会との連携を図るために必要な措置を講ずるものとする。[6]」

このいじめ防止対策推進法を受けて、同年一〇月には、文科省がいじめ防止基本方針を策定し、各都道府県の教育委員会などに通知しました。基本方針は、いじめ防止法に基づいて実施すべき具体的措置などを定めるもので、国に策定義務があります。この中で、学校・自治体・国がそれぞれなすべきことや、重大ないじめへの対処についてまとめられています。具体的には次の通りです。

【学校がすべきこと】
○取組を定めた基本方針を作成し、公開する。
○対策の中核になる組織を設け、情報共有を図る。
○定期的アンケートなどでいじめの早期発見に努める。

○犯罪行為の場合、警察と相談して対処する。
○ネット上の不適切な書き込みは削除措置をとる。
○いじめる子には適切な懲戒や出席停止制度の活用も行う。

【自治体がすべきこと】
○問題解決や調査を担う第三者機関を常設する。
○ネットパトロールなどにより支援する。
○保護者向けの啓発や相談窓口を設置する。

【国がすべきこと】
○道徳教育や体験活動を推進する。
○防止対策に取り組む人材を確保する。
○「24時間いじめ相談ダイヤル」などの相談体制を整備する。

【重大ないじめへの対処】
○被害者側から申し立てがあれば、重大事案が起きたものとして対処する。
○調査は因果関係の特定を急がず、客観的事実を迅速にする。
○調査組織は弁護士会や大学などの推薦を受けるなど、中立・公平を確保する。
○調査は民事・刑事上の責任追及や訴訟などへの対応を直接の目的としない。
○学校は不都合な事実も向き合おうとする姿勢が重要である。

○被害者側に必要な情報を提供する責任を有する。

以上のように、学校に対策組織の設置を義務づけて、教師一人で抱え込まず組織的に取り組むこととし、子どもの相談記録の共有や外部専門家の助言を受けるなどの取組を促し迅速で公平な対応などが盛り込まれました。なお、大津市のいじめ事件を契機に教育委員会制度を改革されることになりました。具体的には、二〇一五（平成二七）年の地方教育行政法の改正により、従来教育長（常勤）と教育委員長（非常勤）を「新教育長」に統合し、現場の指揮・監督を一元化することにしました。首長の権限を強化し、いじめなどの事案の際、首長が設けた「総合教育会議」が教員や生徒から聞き取りを行うなど、首長主導で早急な対策に乗り出せるようにしました。

（ウ）現在の動向～文科省のいじめ問題への対応策を中心に～

二〇二三（令和五）年二月七日、文部科学省初等中等教育局長から全国の教育関係機関宛てに「いじめ問題への的確な対応に向けた警察との連携等の徹底について（通知）」が通達されました。その冒頭でいじめ防止法推進法等に基づいて、いじめの未然防止、積極的な認知、組織的な対応等の取組が進められてきているが、一部のケースでは、学校及び学校の設置者が法律に基づいた対応を徹底しておらず、被害を受けた児童生徒がいじめを

いじめの重大事態について

- 重大事態の発生件数は、705件（前年度514件）。
うち、法第28条第1項第1号に規定するものは349件（前年度239件）、同項第2号に規定するものは429件（前年度347件）である。
- 文部科学省では、いじめ防止対策推進法第28条第1項のいじめの重大事態への対応について、学校の設置者及び学校における法、基本方針等に則った適切な調査の実施に資するため、「いじめの重大事態の調査に関するガイドライン」を平成29年3月に策定している。

▍いじめ防止対策推進法第28条第1項に規定する「重大事態」の発生件数

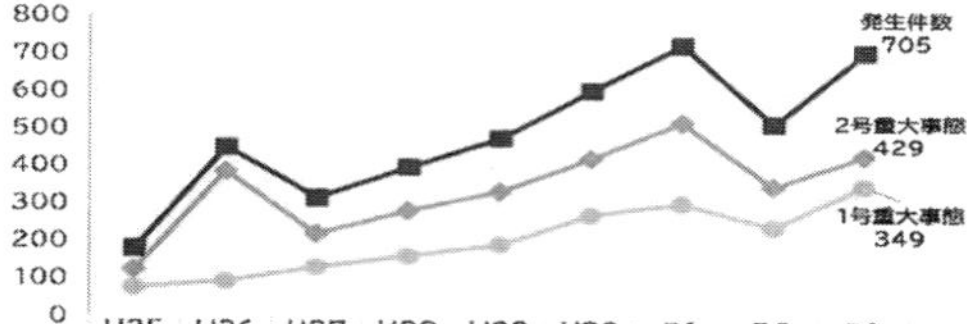

	H25	H26	H27	H28	H29	H30	R1	R2	R3
発生件数	179	449	314	396	474	602	723	514	705
1号重大事態	75	92	130	161	191	270	301	239	349
2号重大事態	122	385	219	281	332	420	517	347	429

※ いじめ防止対策推進法第28条第1項において、学校の設置者又は学校は、重大事態に対処するために調査を行うものとすると規定されており、当該調査を行った件数を把握したもの。

※ 1件の重大事態が第1号及び第2号の両方に該当する場合は、それぞれの項目に計上されている。

	小学校	中学校	高等学校	特別支援学校	合計
重大事態発生校数（校）	285	255	102	3	645
重大事態発生件数（件）	314	276	112	3	705
うち、第1号	158	122	68	1	349
うち、第2号	191	175	61	2	429

※ 同法第28条第1項に規定する「重大事態」とは、
第1号「いじめにより当該学校に在籍する児童等の生命、心身又は財産に重大な被害が生じた疑いがあると認めるとき」
第2号「いじめにより当該学校に在籍する児童等が相当の期間学校を欠席することを余儀なくされている疑いがあると認めるとき」
である。

苦に自殺するなど最悪のケースを招いた事案も発生していると、子どもの自殺との関連でいじめ問題が依然として児童生徒の教育を受ける権利を著しく侵害するなど解消されていないことを述べています。その上で、「その心身の健全な成長及び人格の形成に重大な影響を与えるのみならず、その生命又は身体に重大な危険を生じさせるおそれがあるものであり、学校及び学校の設置者は、いじめを決して許さず、被害児童生徒を徹底して守り通すという断固たる決意で、全力を尽くすことが必要です。」と強調しています。事実、先に紹介しました調査でもいじめの解消状況については、いじめに係る行為が止んでおらず、被害児童生徒が心身の苦痛を感じている割合が校種別で平均約二〇%にのぼることが明らかとなっています。

とくに、いじめの重大事態が増加傾向にあり、依然として憂慮すべき状況にあることから、いじめの対応は、学校のみでは対応が困難な事案もあり、こども家庭庁設立準備室と共同で「いじめ防止対策に関する関係府省連絡会議」を設置し、政府の連携体制を強化するとしています。連絡会議において、今後対応すべき検討項目を整理し、全体の見直しに先立ち、優先的に対応すべきものとして、重大ないじめ事案等における警察連携などいじめ対応において改めて留意すべき事項を取りまとめ、学校設置者・学校に対して再徹底を図ることとしました[7]。

重大ないじめ事案や犯罪行為として取り扱われるべきと認められる場合には、学校は、いじめが児童生徒の生命や心身に重大な危険を生じさせる恐れがあることを十分に認識し、いじめ防止対策推進法第二十三条第6項に基づき、直ちに警察に相談・通報を行い、適切に援助を求めなければならないとして、警察との連携が今回強く打ち出されています。また、近年では、インターネット上のいじめが増加しており、児童ポルノ関連のいじめは被害の拡大を防ぐため、直ちに警察に相談・通報することも謳われています。さらに、学校では取扱いの判断が困難な事案も多く、個別事案に係る日常的な情報共有や相談・通報ができるよう、次のような連携体制の構築に取り組むことも盛り込まれています。

○　警察署との協定の締結・見直しによる円滑な情報共有の推進（相互連絡の枠組みを構築し、幅広く相談・通報を可能に）

○　学校・警察連絡員の指定の徹底（緊急時を含め日常的に情報共有や相談・通報が可能な連携体制の構築）

○　学校警察連絡協議会等の活用（学校と警察で認識を共有し、積極的な相談を促進）

また、児童生徒への指導・支援の充実として、適切なアセスメントを行いつつ、関係機関と連携して、被害の拡大や二次的な問題の発生を防止、未然防止を推進させていくとして、次の五点を挙げています。

○　被害児童生徒に対しては、徹底して守り抜くとの意識の下、スクールカウンセラー

（ＳＣ）、スクールソーシャルワーカー（ＳＳＷ）や医療機関とも協力しつつ、被害の拡大や二次的な問題の発生を防ぐとともに、落ち着いて教育を受けられる環境の確保や不登校等の場合における学習面での十分な支援にも留意。

○　加害児童生徒に対しては、教育的配慮の下、毅然とした態度で指導・対応。いじめの背景に当該児童生徒がさまざまな背景を有している場合もあり、特別な配慮を必要とする場合には、ＳＣ・ＳＳＷを活用して適切な支援を実施。

○　外部の専門機関を活用することも有効であり、法務少年支援センターや警察機関等との連携も重要。

○　未然防止の取組として、いじめの実際の事例等を活用しつつ、児童生徒が自主的にいじめの問題について考え、議論する等の実践的な取組が重要。

○　いじめが複数校にまたがる場合の情報共有や連携した対応の徹底。転校、進学の場合の十分な引継ぎにも留意。

さらに、保護者への普及啓発活動については、平時からの普及啓発、いじめ事案の際には学校の対応について丁寧な情報共有が必要であるとして、次の三点を挙げています。

○　入学説明会や保護者会等の機会を通じて、いじめ対応における学校への協力を求め、「学校いじめ防止対策基本方針」や相談窓口の周知を行うとともに、法律におけるいじめの定義や保護者の責務等も周知。

○　重大ないじめ事案等における警察との連携についてもあらかじめ保護者に周知しておくことが重要。

○　いじめを認知した際は、事実関係を確認し、保護者への丁寧な情報共有を徹底し、とくに、加害児童生徒の保護者への説明が十分に行われていない実態があることから、迅速に情報提供し、保護者と協働で指導支援を行うこと。

以上のことに加えて、今回の通知では「総合教育会議」の活用及び首長部局からの支援が提案されているのも特徴の一つです。具体的には、まず地方公共団体では、地教行法第一条の四に基づき、いじめの重大事態（主として生命・身体に重大な被害が生じた事案）が認められる場合には、総合教育会議の開催等を通じ、首長と教育委員会とで十分な意思疎通、緊密な連携を行っていくこと、またいじめの重大事態における学校又は学校設置者の調査の実施に当たり、必要に応じて、首長に支援や協力を求め、迅速な調査組織の立ち上げ及び調査の開始に努めることです。

（エ）自治体における重大事態の発生時の対応とその課題について

筆者は、栃木県O市のいじめ問題対策推進委員会（教育委員会内に設置）の委員として七年間務めています。幸い委員になってからは重大事案で調査等を実施していませんが、具体的には事案対処についてはさまざまな現実的課題があることがわかります。

重大事態と思われることが発生した場合、学校側は当該教育委員会に報告します。それを受けた教育委員会は、一般的には学校に対して学校内での「学校いじめ対策組織」に調査を指示・支援をします。その場合、スクールカウンセラーなどの外部の支援者が加わる場合や、外部の「第三者委員会」（学校が立ち上げる）が調査を行う場合があります。

ただ、重大事案の内容によっては、教育委員会が調査主体を判断することになります。もちろん、教育委員会の職員だけで判断は困難であるため、その際、私たちの問題対策推進委員会の委員に緊急に相談することになります。しかし、六名程度の委員ですが、速やかに集まれる訳ではありませんのでリモートなどを利用して会議を実施することが考えられています。つまり、調査主体をどこにするかの判断が大変重要になってくるということです。ややもすると、過去に問題になったように、教育委員会と学校側だけでの閉ざされた調査になってしまい、社会的に批判されることになって　再度第三者委員会で再調査が行われることになります。

したがって、重要なことは、教育委員会自体が常に開かれた機関でなければならず、常に第三者委員会を視野に入れて調査対策を検討する必要があるということです[8]。

【参考】愛知県西尾市立東部中学校～「ハートコンタクト」～

一九九四（平成六）年一一月二七日深夜、愛知県西尾市の市立東部中学校二年の大河内清輝君（一三歳）が自宅裏庭のカキの木にロープをかけ首吊り自殺しました。姿の見えなくなった息子を探していた母親（当時四四歳）が発見しました。死後、遺書が見つかり、その悲惨ないじめの事実が社会に衝撃を与えました。同校では、事件後二ヶ月足らずの一九九五（平成七）年に心を痛めた生徒たちがいじめ根絶を目指して立ち上げた「いじめバスターズ」を、「ハートコンタクト」と名称を変えて現在も自主活動として継続して行っています。月三回集まり、いじめの疑いがないか話し合い、ときに仲介に乗り出します。清輝君の命日前後には学年集会を企画し、いじめを題材とした創作寸劇を演じ、同時に一年生が清輝君の遺書を読むことを慣例としています。メンバーが最も苦慮していることは、いじめられているように見えても、当人がいじめを認めないケースであるということです。

注

1　文部科学省「いじめの状況及び文部科学省の取組について」二〇二二年一一月二四日、参照

2 同前書、参照
3 内藤朝雄『いじめの構造』講談社現代新書、二〇〇九年。三二～四〇頁
4 文部科学省「いじめ防止対策推進法」二〇一三年九月、参照
5 同前書、参照
6 同前書、参照
7 文部科学省初等中等局長通達「いじめ問題への的確な対応に向け警察との連携等の徹底について（通知）」二〇二三年二月七日、参照
8 栃木県教育委員会「いじめ対応ハンドブック～いじめ防止対策推進法等対応版～」二〇一九年三月、参照

（4）不登校における連携体制

（ア）不登校の現状と課題

文部科学省の定義では、「不登校児童生徒」とは、「何らかの心理的、情緒的、身体的あるいは社会的要因・背景により、登校しないあるいはしたくともできない状況にあるために年間三〇日以上欠席した者のうち、病気や経済的な理由による者を除いたもの」と定義しています。

令和四年一〇月二七日付で文部科学省初等中等教育局児童生徒課から出された「令和三年度 児童生徒の問題行動・不登校等生徒指導上の諸課題に関する調査結果について」に

よれば、小学校・中学校・高校における長期欠席（不登校等）の状況について次のように報告しています。

【長期欠席者数】

小学校　一八〇、八七五人（前年度一一三、七四六人）

中学校　二三二、八七五人（前年度一七四、〇〇一人）

高　校　一一八、二三二人（前年度八〇、五二七人）

合　計　五三一、九八二人（前年度三六八、二七四人）

【長期欠席者数のうちの不登校児童生徒数】

小学校　八一、四九八人（前年度六三、三五〇人）

中学校　一六三、四四二人（前年度一三二、七七七人）

高　校　五〇、九八五人（前年度四三、〇五一人）

合　計　二九五、九二五人（前年度二三九、一七八人）[1]

以上の調査結果でもわかるように、小学校・中学校・高校ともに長期欠席者数・そのうちの不登校数も前年度を大幅に上回っていることがわかります。また、長期欠席者数の不登校数の占める割合として、小学校は四五％で、中学校は実に七〇％、高校は四三％となっています。さらに、全児童生徒数に対する不登校の割合としては、小学校一・三％（前年度一・〇％）、中学校五・〇％（前年度四・一％）、高校一・七％（前年度一・四％）となっており、いずれの校種においても増加傾向にあります。とくに中学校の割合が際立っていることがわかります。

また、作新学院大学西谷健次教授の「不登校児童生徒の増加の背景要因についての考察～平成二四年度から令和三年度の推移に注目して～」（作新学院大学・作新学院大学女子短期大学部教職実践センター研究紀要第一一号、二〇二三年二月）によれば、不登校児童生徒数が小中学校とも平成二四年度から増加の一途をたどっているとして、次のように説明しています。

「小学校は平成二四年度の二一、二四三人から令和三年度の五〇、九八五人に増加（約一四〇％増）、中学校は九一、四四六人から一六三、四四二人に増加（約八〇％増）している。これに対して高等学校は、微増微減を繰り返しながら五七、六六四人から五〇、九八五人に減少（約一〇％減）している。小中高等学校の児童生徒数がここ一〇年間で約一〇％減少していることを考えると、小中学校の不登校の増加がいかに深刻な問題であるかを物語っていると言えよう。これに対して、高等学校の不登校生徒数は子供の数の減少率と一致しており、このことは高等学校が不登校に対してうまく機能していることを示唆するものだと言える。[2]」

この西谷氏の指摘からもわかるように、小学校・中学校で不登校が急激に増え続けてきている一方、高校は確かに前年比に比べれば増加していますが、一〇年前に比べると減少しています。これは、今後の小中学校における不登校対策を探るうえでも重要な指摘であるといえます。この点については、後程詳しく述べたいと思います。

次に、不登校の要因について、現状がどのようになっているのかを考えてみましょう。先の文部科学省の調査結果によれば、小中学校の不登校の要因は、以下のようになっています。

	人数	不登校児童生徒に占める割合
○無気力・不安	一二一、七九六人	四九・七％
○生活リズムの乱れ、あそび、非行	二八、七四九人	一一・七％
○いじめを除く友人関係をめぐる問題	二三、七四一人	九・七％
○親子の関わり方	一九、七一二人	八・〇％
○学業の不振	一二、七五九人	五・二％

一方、高等学校における不登校の要因については、以下の通りです。

	人数	不登校児童生徒に占める割合
○無気力・不安	一九、九七七人	三九・二％
○生活リズムの乱れ、あそび、非行	七、六一〇人	一四・九％
○入学、転編入学、進級時の不適応	四、七七七人	九・四％
○いじめを除く友人関係をめぐる問題	四、六二三人	九・一％
○選択肢に該当なし	三、八九〇人	七・六％[3]

以上のような結果から、いくつかの特徴がわかります。第一は、小学校、中学校、高等学校いずれにおいても、「無気力・不安」が圧倒的に多いことです。一般的にこの背景としてここ数年のコロナ禍の影響が言われますが、先に紹介した、西谷氏の令和三年度と平成二四年度の比較では、「不登校の要因として最も高い値となったのは、令和三年度も平成二四年度のいずれにおいても「無気力・不安」であり、次に高い要因をはるかに上回る値であった。[4]」と指摘していることから、必ずしもコロナ禍だけが要因というわけではないことがわかります。第二は、生活リズムの乱れ、あそび、非行が各学校種とも二番目に多いということです。とくに、生活のリズムについては、近年以前に比較してさらに増加しているゲームの影響が大きな要因となっているように思います。第三は、いじめを除く

友人関係をめぐる問題も順位は異なりますが、含まれているということです。ちなみに、西谷氏の調査では、いじめが不登校の主たる要因になっている割合は、小学校〇・四％、中学校〇・二％、高等学校〇・二％となっており、全体的にはそれほど高い割合となっていないことがわかります。[5]したがって、ここでの友人関係をめぐる問題の背景には、近年のSNS、Line、ツイッターなどのネットに係る問題やコミュニケーション能力不足の問題などが考えられます。第四は、小中学校と高等学校との要因の違いがある点です。小中学校では、「親子の関わり方」や「学業不振」などが入っているのに対して、高等学校では「入学、転編入学、進級時の不適応」が入っています。おそらく、先に紹介したゲームなどによる生活リズムの乱れなどが両親との関係において問題になったり、学業不振などでも親の過干渉や授業が次第に増大したことなどが原因でなることなども考えられます。また一方、高等学校では、次第に専門的な学習段階に入っていくでしょうし、それになかなかついていけないあるいは入学したが思い描いていたものと違っていたなどや、あるいは将来の目標が変わっていったということなどに悩んで不登校になっていったということも考えられます。

以上各学校の不登校の主な要因について見てきましたが、もう一つ注目すべき点は、いわゆる「中一ギャップ」の問題です。この点に関して、先に紹介した西谷氏の研究では大変興味深い指摘をしています。氏の研究によれば、平成二四年度と令和三年度とも学年が進行するにしたがって増加しているとして、「学年別にみた不登校児童生徒数」の特徴として次の五点を提示しています。

① 小一から小六まで直線的に増加していく。
② 小六から中一にかけて著しく増加する（中一ギャップ）
③ 中一から中三まで漸次増加するが、中一から中二に顕著に増加する。
④ 中三から高一にかけて大幅に減少する。
⑤ 高一から高三にかけて直線的に減少していく。[6]

西谷氏のこの指摘からも、問題は②、③にあることは明らかです。氏はさらに、平成三〇年あたりから新たなタイプの特徴が見られるとしています。具体的には、従来は、そもそも学校自体に適応できない「学校不適応型」、中学校に適応できない「中学校不適応型」に加えて、「小中学校拒否型」が出現しているという問題です。これに関して、氏は次のように述べています。

「この一〇年間で増加した不登校は、③（小中学校拒否型）の児童生徒と考えることができる。③の児童生徒は、小中学校では学校に登校することが出来ないが、高等学校では登校できると考えられることから、本稿では「小中学校拒否型」と呼ぶこととする。[7]」

この指摘は、不登校対策における貴重な手がかりとなる点で重要であると考えます。

（イ）不登校対策について

では、現在不登校の児童生徒に対する対策として、どのように進められているのでしょうか。わが国では、「不登校児童生徒への支援に関する最終報告」（平成二八年七月）や教育機会確保法の趣旨を踏まえつつ、中央教育審議会答申（令和三年一月）や教育再生実行会議提言（令和三年六月）及び不登校児童生徒本人・保護者へのアンケート調査（令和三年一〇月）、コロナ禍による人々の意識の変化や社会全体のDX推進の状況等を踏まえ、今後重点的に実施すべき施策の方向性について検討を行い、「不登校に関する調査研究協力者会議報告書」（令和四年）としてまとめました。今後重点的に実施すべ施策の方向性として大きく四点挙げています[8]。

第一は、「誰一人取り残されない学校づくり」です。具体的には、学校外での多様な学びの場を提供することを目的とした教育機会確保法（正式名称は「義務教育の段階における普通教育に相当する教育の機会の確保等に関する法律」）（平成二十八年法律第百五号）の学校現場への周知・浸透に向けた広報・啓発資料の作成や、教育委員会や独立法人教職員支援機構における研修の実施、校長等のリーダーシップによる専門職を活用したチーム学校による魅力ある学校づくり、児童生徒本人がさまざまなストレスやその解消方法、自らの精神的な状況について理解し、安心して周囲の大人や友人にSOSを出せるよう、養護教諭やSC等を活用した心の健康の保持に係る教育の実施、などです。

なお、教育機会確保法は、学校復帰を大前提としていた従来の不登校対策を転換し、学校外での「多様で適切な学習活動」の重要性を指摘したものです。不登校児童・生徒の無理な通学はかえって状況を悪化させる懸念があるため、子どもたちの「休養の必要性」を認めました。子どもたちの中には、傷ついたり疲れたりして一定期間一歩を踏み出すためのエネルギーを蓄える「休養」は必要であるでしょう。官民が連携して一人一人に寄り添う環境を作っていくことが大切です。

第二は、不登校傾向のある児童生徒に関する支援ニーズの早期把握です。具体的には、①児童生徒が抱える課題の早期把握に向けた全児童生徒を対象としたスクリーニングの実施及びスクリーニングにより課題を把握した児童生徒に対する「児童生徒理解・支援シート」を活用した支援策の策定、②不登校の早期段階において、教室とは別の場所で個別の学習支援や相談支援を実施するための「校内教育支援センター」の充実、③一部の学年を対象としたスクールカウンセラーによる全員面接により、ＳＯＳを出せていない児童生徒を早期に把握するとともに、面接を経験することによる大人へ相談することとの敷居を低減、④一人一台端末を活用し、児童生徒の健康状況や気持ちの変化を確認するなど、ＩＣＴを適切に活用した組織的・客観的な児童生徒の状況把握、などです。

第三は、不登校の児童生徒の多様な教育機会の確保です。具体的には、①都道府県等による広域を対象とした不登校特例校（分教室型含む）や夜間中学との連携等を通じた特色ある不登校特例校の設置推進や指導体制の充実、②「不登校児童生徒支援協議会」の設置・活用等による学校・教育委員会とフリースクール等民間団体との対話の場を通じた連携促進、③フリースクール等民間団体のノウハウを活用した公設民営の教育支援センターの設置等、教育支援センターの支援充実、④教育支援センターの機能を強化し、遠隔地や相談につながりにくい児童生徒へのアウトリーチ型支援やICTを活用した学習・体験活動、相談支援等を一括して行う「不登校児童生徒支援センター」(仮称)の設置促進、⑤学校外のフリースクール等民間団体や自宅におけるICTを活用した不登校児童生徒の学習状況を学校において適切に把握し、出席扱い等につなげていくための課題の分析や改善方法に関する調査研究の実施、などです。

この不登校の児童生徒への多様な教育機会の確保は、ある意味最も重要な改革あるいは対策の一つと言ってよいでしょう。フリースクール・夜間中学などとの連携の一層の強化やICTを活用した遠隔授業の整備などももちろん推進していく必要があるわけですが、オールタナティブスクールの先進国であるアメリカのように、現在全米が合法化されているホームスクール(Home School)なども視野に入れて、半開きの制度ではなく、学習者主体による、より積極的かつ能動的な改革を推進すべきであると筆者は考えています。[9]

そして第四は、不登校児童生徒の社会的自立を目指した中長期的支援です。具体的には、①教員養成段階における教員の教育相談スキルの向上や、スクールカウンセラー(S

Ｃ）・スクールソーシャルワーカー（ＳＳＷ）によるオンラインの活用等による教育相談の充実、②関係機関等が連携したアウトリーチ支援や保護者への支援も視野に入れた家庭教育支援の充実、③学校復帰のみにとらわれず、不登校児童生徒の将来を見据えた社会的自立のため、多様な価値観を認め、児童生徒の目標の幅を広げるような支援の実施、などです。

とくに、この③については、不登校対策のための意識改革という観点からも極めて重要であるといえます。

以上の四点を踏まえて、先の不登校の状況でも説明しましたように、とくに「小中学校拒否型」が増加しており、それが高等学校になると減少しているという点に関して、高等学校では明確にフレックススクールや大検、通信制の学校などの制度が充実しています。小学校・中学校においても、義務教育ではありますが、高等学校と同様に積極的に進めていくことが肝要かと思います。現在、「多様性（ダイバーシティー）」を重視していく傾向にあるわけですから、一日も早く制度改革を進めていくことを期待します。

注

1　「令和三年度　児童生徒の問題行動・不登校等生徒指導上の諸課題に関する調査結果について」文部科学省初等中等教育局児童生徒課、二〇二二年一〇月二七日付、四～五頁参照

2　西谷健次「不登校児童生徒の増加の背景要因についての考察～平成二四年度から令和三年度の推移に注目して～」（作新学院大学・作新学院大学女子短期大学部教職実践センター研究紀要第一一号、二〇二三年二月）、一五頁

3　前掲書「令和三年度 児童生徒の問題行動・不登校等生徒指導上の諸課題に関する調査結果について」、四～五頁参照

4　前掲書「不登校児童生徒の増加の背景要因についての考察～平成二四年度から令和三年度の推移に注目して～」、一七頁

5　同前書、一七頁

6　同前書、一八頁

7　同前書、二〇頁

8　文部科学省、初等中等教育局「不登校に関する調査研究協力者会議報告書～今後の不登校児童生徒への学習機会と支援の在り方について～」不登校に関する調査研究協力者会議、二〇二二年六月、参照

9　渡邊 弘『人間教育のすすめ』東洋館出版社、二〇一六年、一五九～一六二頁参照

（5）ヤングケアラーにおける連携体制

（ア）国の政策

まず、ヤングケアラーについての、近年の国の政策を見ていくことにしましょう。厚生労働省こども家庭庁は、二〇二三（令和五）年五月二六日付で、都道府県、市町村、特別

区の各首長宛に「ヤングケアラー支援体制強化事業の実施について」の通知を出しました。その主な目的は、ヤングケアラーを早期に発見し、適切な支援につなげるためとしています。その上で、「ヤングケアラー支援体制強化事業実施要綱」の内容を具体的に提示しています。

はじめの「第一目的」の内容の中で、ヤングケアラーの定義ととくに留意すべき点が具体的に示されています。

定義としては、「ヤングケアラーとは、一般に本来大人が担うと想定されている家事や家族の世話などを日常的に行っている児童」としています[1]。なお、ヤングケアラーは、本来大人が担うべきケアであり、主要なものとしては、①障がいや要介護などを抱える家族の入浴や介助をする、②病気で働けない親の代わりに労働を行う、③家族に代わって幼いきょうだいの世話をする、などが挙げられます。定義に続き、「ヤングケアラーへの支援が年齢により途切れてしまうことのないよう、一八歳を超えた大学生であってもその家庭の状況に鑑み通学することができない場合などは、適切な支援を行うことが重要である。」と付け加えています。また、留意すべき点として、第一に、この問題は家庭内のデリケートな問題であり、本人や家族に自覚がないなどといった理由から、支援が必要であっても表面化しにくい構造となっている点を挙げています。第二に、これは子ども虐待等とも同じですが、早期に発見した上で支援につなげるために、福祉、介護、医療、教育等といったさまざまな分野が連携し対応することが重要であるということです。具体的な関係機関および関係者としては、次の通りです。

- 都道府県等の児童福祉、母子保健、介護・高齢者福祉、障がい者福祉、生活保護（生活困窮）等の担当部局
- 児童相談所
- 児童福祉司、児童心理司
- 児童福祉施設
- 福祉事務所
- 社会福祉協議会
- 民生委員、主任児童委員、児童委員
- 地域包括支援センター
- 介護支援専門員（ケアマネジャー）
- 訪問介護員（ホームヘルパー）
- 相談支援専門員
- 生活保護担当ケースワーカー
- 市町村保健センター
- 保健所

・医療機関（医師、保健師、助産師、看護師等）
・医療ソーシャルワーカー
・教育委員会
・学校
・教員（養護教諭を含む）
・スクールソーシャルワーカー、スクールカウンセラー等の支援スタッフ
・司法関係機関
・こども食堂、学習支援教室等の子どもの居場所となる機関
・就労支援機関
・その他支援者団体等

このように、かなり多くの関係機関、関係者による連携支援体制の構築が求められていることがわかります。こうしたことを踏まえて、地方自治体における実態調査、関係機関職員の研修によるヤングケアラーの早期発見・把握等の支援体制の強化を図ること及びヤングケアラー・コーディネーターの配置、ピアサポート等の悩み相談を行う支援者団体の支援、悩みや経験を共有し合うオンラインサロンの設置・運営、支援、病院や行政手続における外国語対応通訳派遣支援等といった取組をモデルとして実施することを謳っていま

す。

二〇二四（令和六）年二月末には、大人に代わって日常的に家事や家族の世話をするヤングケアラーの支援について、政府が子ども・若者育成支援推進法に明記する方針を固め、初めて法制化し、国や自治体の支援対象として位置付けることで、対応の地域格差解消などにつなげていく方針を打ち出しました。

（イ）一般社団法人日本ケアラー連盟

次に、一般社団法人日本ケアラー連盟（二〇一〇年七月発足）の取組について紹介します。当連盟は、ケアラーの健康と生活、人権を守ることを目的として、「ケアラー支援推進法」の実現を目指して二〇一〇（平成二二）年七月に発足した団体です。主に、ケアラーの調査研究・提言、人材育成、政治的活動を行っています。同連盟では「ケアラー（carer）」とは、おもに在宅で介護を担う家族介護者であり、無償で家族などのケア役割を担う人と定義づけています。したがって。ケアラーには多世代で多様なケアラーが存在します。同連盟の代表理事である牧野史子氏は、そもそも日本での家族介護のイメージとして、伝統的に①家族が家族の面倒をみるのは当たり前、②同居家族に基づいた慣習的考え方、女性（妻や嫁）が担うもの、といったイメージが根強くあると指摘しています。（二〇二四年三月一二日、地域共生社会シンポジウム基調講演より）

ヤングケアラーは、その多様な介護者の一つとして近年注目されているものです。同連盟の定義では、ヤングケアラーとは、「家族にケアを要する人がいる場合に、大人が担うようなケア責任を引き受け、家事や家族の世話、介護、感情面のサポートを行っている、一八歳未満の子ども」と定義づけています。また、一八歳からおおむね三〇歳代までのケアラーを「若者ケアラー」と定義づけています。

同連盟は、二〇二二（令和四）年四月、厚生労働省において文部科学省と連携し、日本で初めて「ヤングケアラーの実態に関する調査研究」（担当、日本総合研究所、紀伊信之、小幡京加、青木梓、和田哲）が行われました。なおこの事業は、令和三年度子ども・子育て支援推進調査研究事業として実施したものであり、本調査研究では、これまで全国規模では実態把握が行われていない小学生や大学生を対象とした全国調査を行い、昨年度の中高生調査と比較可能な形で、それら年代の家族ケアの状況、ヤングケアラーの実態を明らかにしたものです。

本研究によれば、とくにヤングケアラーならではの独自の調査の難しさがあるとして、次のように説明しています。

「そもそも本来大人が担うべき家事や家族のケアを日常的に行っていることにより、本来、社会が守るべき、子どもの権利が守られていない可能性がある。しかしながら、家庭内のプライベートな問題であること、さらには本人や家族に自覚がないといった理由から、支援が必要であったとしても表面化しにくい構造となっている。[2]」

すでに、令和二年度に子ども本人（中学生・高校生）を対象に初めて行われた「ヤングケアラーの実態に関する調査研究」では、世話をしている家族が「いる」と回答したのは、中学二年生五・七％、全日制高校二年生四・一％となっています。今回は小学校六年生と大学三年生を対象に調査し、結果としては「家族の世話をしている」と回答した小学生は六・五％。世話を必要としている家族は「きょうだい」が最も多く七一・〇％、次いで「母親」が一九・八％となっています。より具体的にみていくと、たとえば、幼いきょうだいや障がいや病気のきょうだいの世話、障がいのある親や祖父母の世話、日本語が第一言語でない家族のための通訳など多岐にわたっています。なお、とくに衝撃的な結果としては、次のような点が挙げられます。

○世話を必要としている人が「父母」と回答した人に父母の状態像を聞いたところ、「わからない」との回答が三二・三％と最も高かった。父母が病気や障がいを抱えていても、そうした状態について子どもに話していなければ、子ども自身は状況がよくわからないまま家族の世話をしている可能性がある。

○家族の世話をしている人のうち、就学前から世話をしている人が一七・三％、低学年のうちから世話をしている人が三〇・九％いる。

○世話に費やす時間が長時間になるほど、学校生活等への影響が大きく、本人の負担感も重くなることが確認された。

○世話に関する相談状況としては、世話による制約が多い、あるいは世話にきつさを感じている人ほど相談経験のある人が増える傾向にある。ただ、子どもからの相談相手については家族（「父母」、「祖父母」、「きょうだい」）が七八・九％と最も多く、家族以外の大人については「学校の先生（一三・八％）」「保健室の先生（五・五％）」「ＳＳＷやＳＣ（三・七％）」とその割合が大きく下がる。

さらに、同調査によれば、今後の課題として次のように指摘しています。

「父母の世話をしながらも父母が世話を必要とする理由について「わからない」との回答が三割程度あること、平日一日あたり七時間以上世話を行っていても、その三割超が「とくに大変さは感じていない」と回答していること等から、小学生の年齢だと、家族の置かれた状況を十分に理解できていなかったり、家族の世話をすることが当たり前になり、その大変さを十分に自覚できていなかったりする可能性があることを示唆している。今回は小学六年生を対象とした調査だが、低学年、中学年の児童であれば、自らの置かれた状況を把握し、大変な状況にある場合には本人が自ら周囲に相談をすることは難しいことが想像に難くない。従って、とくに小学生のヤングケアラーについては、周囲の大人が本人の様子の変化やつらさに気づき、声をかけていくことの重要性が大きいと言える。周囲の大人がヤングケアラーに対する意識を高め、必要な支援につながるきっかけを作れるような体制を整えていくことが今後の課題である。[3]」

一方、大学三年生の場合の結果は、家族の世話の状況を尋ねたところ、「現在いる」が六・二%、「現在はいないが、過去にいた」が四・〇%。ヤングケアラーに「現在あてはまる」と回答した人は、二・九%ということです。聴き取りで明らかになったことをまとめれば、次のような内容となっています。

○現在または過去に世話をしている家族が「いる・いた」人に、世話をしていることでやりたかったけどできなかったことを聴いたところ、六割の人がなにかしらのできなかったことがあったと回答している。

○世話を始めた時期が大学入学以前の方のうち五〇%超が、世話をしていることで大学進学の際に何かしらの苦労があった・影響があったと回答しており、とくに「学費等の制約や経済的な不安があった」、「受験勉強をする時間が取れなかった」、「実家から通える範囲等の通学面の制約があった」が多かった。

○家族の世話をしている人のうち約五〇%が就職に関し何かしらの不安があると回答している。

○家族の世話をしている人のうち、精神的なつらさを感じている割合が約四割。

○家族の世話をしている人が求める支援は「進路や就職など将来の相談にのってほしい」、

「学費への支援・奨学金等」、「自由に使える時間がほしい」の順に高い。
○世話をしている家族は、中高生調査で「きょうだい」の割合が最も高かったのに対し、大学生は「母親」、「祖母」の割合が高くなっている。
○ひとり親家庭で、自分のみで世話をしている割合が高く、世話の頻度も高く、世話時間も長い傾向にある。
○「ヤングケアラー（または若者ケアラー）」の認知度については、「聞いたことがあり、内容も知っている」の割合が中高生調査に比べ高い（ヤングケアラーについて理解を深めた学生が今回の調査で積極的に回答した可能性がある点に留意が必要）。
今回の大学生の調査で明らかになった課題として、次のように説明しています。

「今回の大学生調査は、「大学三年生まで大学に通えている人」が対象である。大学進学をあきらめた人、大学に入学したものの通い続けられなかった人の実態は把握できていない。大学進学の際の困りごとが、非常に大きく大学通学に至らなかったと考えられる。また、アンケートに答えられる状況にない、より深刻な状態にあるケアラーがいることも想像される。本結果は、若者ケアラーの実態を全国的に明らかにした調査ではあるが、あくまでも一部の実態であり、より詳細な実態把握や支援・対応の検討が求められる。[4]」

先に紹介した牧野氏は、最も重要な視点は子どもの基本的人権であると主張しており、とくに健康に生きる権利、育つ権利、守られる権利、参加する権利がどの子どもにも保障されなければならないとしています。そのうえで重要な点は、本書の中心課題である他機関による連携体制の構築をあげています。とくに、第一発見者となりうる学校と行政、福祉との関係が重要であり、地域の居場所づくりが重要であると指摘しています。（二〇二四年三月一二日、地域共生社会シンポジウム基調講演より）

（ウ）栃木県の場合

① 栃木県ヤングケアラー実態調査の概要

栃木県では、二〇二二（令和四）年の一〇月に、こども政策課によってヤングケアラーの実態調査を次のような内容に基づいて実施しました。

（1）調査の目的 本県におけるヤングケアラーの実態について把握し、ヤングケアラー及びその家庭への支援策及び支援体制を確立する際の基礎資料とするとともに、調査を通じてヤングケアラーに関する社会的認知度の向上及び理解促進を図る

（2）調査対象 県内の小学六年生、中学二年生、高校二年生：約五二、〇〇〇人、県内の公立及び私立小中高校：約六〇〇校

（回答率 小六：八七・〇%、中二：七七・四%、高二：七一・七%、学校：六三・三%）

（3）調査期間 児童・生徒向け：二〇二二（令和四）年七月五日から七月三一日まで、学

校向け：二〇二二（令和四）年七月六日から八月一九日まで

（4）実施方法・タブレット等を用いたWeb上での回答を基本とし、学級時間やロングホームルーム等、学校時間を活用して実施

・調査の実施に先立ち、教員からヤングケアラーに関する啓発を実施

調査の結果は、国との比較に基づいて次の結果となっています。

○お世話している家族がいる割合

【小学六年生】

	いる	いない	無回答
県	一二・〇	八七・一	〇・九
国	六・五	九三・五	〇・〇

【中学二年生】

	いる	いない	無回答
県	八・二	九一・一	〇・七
国	五・七	九三・六	〇・六

【高校二年生】

	いる	いない	無回答
県	五・〇	九四・三	〇・七
国	四・一	九四・九	〇・九

○お世話をしている頻度

【小学六年生】

	ほぼ毎日	週三～五日	週一～二日	一ヶ月に数日	その他
県	三三・八	二〇・一	一七・三	九・〇	一九・七
国	五二・九	一六・〇	一四・四	五・五	一一・一

【中学二年生】

	ほぼ毎日	週三～五日	週一～二日	一ヶ月に数日	その他
県	三五・三	一六・一	一五・四	一〇・四	二二・七
国	四五・一	一七・九	一四・四	四・七	一七・九

【高校二年生（全日制）】

	ほぼ毎日	週三～五日	週一～二日	一ヶ月に数日	その他
県	三七・四	一二・七	一二・五	九・五	二八・〇
国	四七・六	一六・九	一〇・四	六・八	一八・三

まず、この結果からわかることは、小学六年生から高校二年生までで、お世話をしている家族がいる割合が、全体の五％から一二％ということでおおよそ一〇〇人に一人の割合で存在するということです。とくに注目すべき点は、小学六年生の割合が高いということです。また一方、お世話している頻度について注目すべき点は、どの学年とも「ほぼ毎日」が最も多く三〇％台になっている点です。国の調査ではさらに高く、四〇％台から五〇％台となっています。

また、お世話を必要としている家族は、小中高校生ともに「きょうだい」の割合が最も高く、次いで「母親（お母さん）」の割合が高くなっています。なお、ヤングケアラーとして自覚している割合については、約四〇％が「あてはまらない」と回答しているということであり、このあたりがこのヤングケアラーの一つの問題かと考えます。

② 栃木県ケアラー支援条例の制定

栃木県では、二〇二三（令和五）年四月に「栃木県ケアラー支援条例」を全国の市区町村（現在二〇地区で設置）の中で五番目に施行しました。前文及び目的第1条で、「すべてのケアラーが個人として尊重され、社会から孤立することなく、安心して生活できる地域社会の実現に寄与することを目的とする。」と謳っています。第二条の「定義」では、「ケアラー」については「高齢、生涯、疾病等の理由により援助を必要とする家族、身近な人その他の者に対し、無償で介護、看護、日常生活上の世話その他の援助を提供する者」としており、さら「ヤングケアラー」については、「ケアラーのうち一八歳未満の者」と定義しています。第三条（基本理念）の中で、ヤングケアラーについて、「ヤングケアラーへの支援については、子どもの権利及び利益が最大限に尊重されるよう行わねばならぬ旨を規定」と記しています。

以上の条例および令和四年度の栃木県におけるヤングケアラー実態調査を踏まえた普及啓発の促進など各種施策を実施することを目的として、次のような「ヤングケアラー支援体制（関係機関の役割分担）のイメージ図を公表しています[5]。

③　栃木県ケアラー支援有識者等意見交換会

栃木県では、家族の介護や世話を担うケアラー（一八歳未満を指す「ヤングケアラー」を含む）の支援に関する施策の検討や推進、その他関連する必要な事項について有識者等による専門的な意見を伺うため、「栃木県ケアラー支援に関する有識者等意見交換会」を二〇二二（令和四）年三月三一日に設置しました。同会長の大石剛史（たけし）（国際医療福祉大学准教授）によれば、ヤングケアラーをめぐる現状と問題について、何点か指摘しています。第一は、法整備の問題です。英国では一九九〇年代には問題が認識され法整備などが進んで来たが、わが国ではそれが未整理になっているということです。その原因として

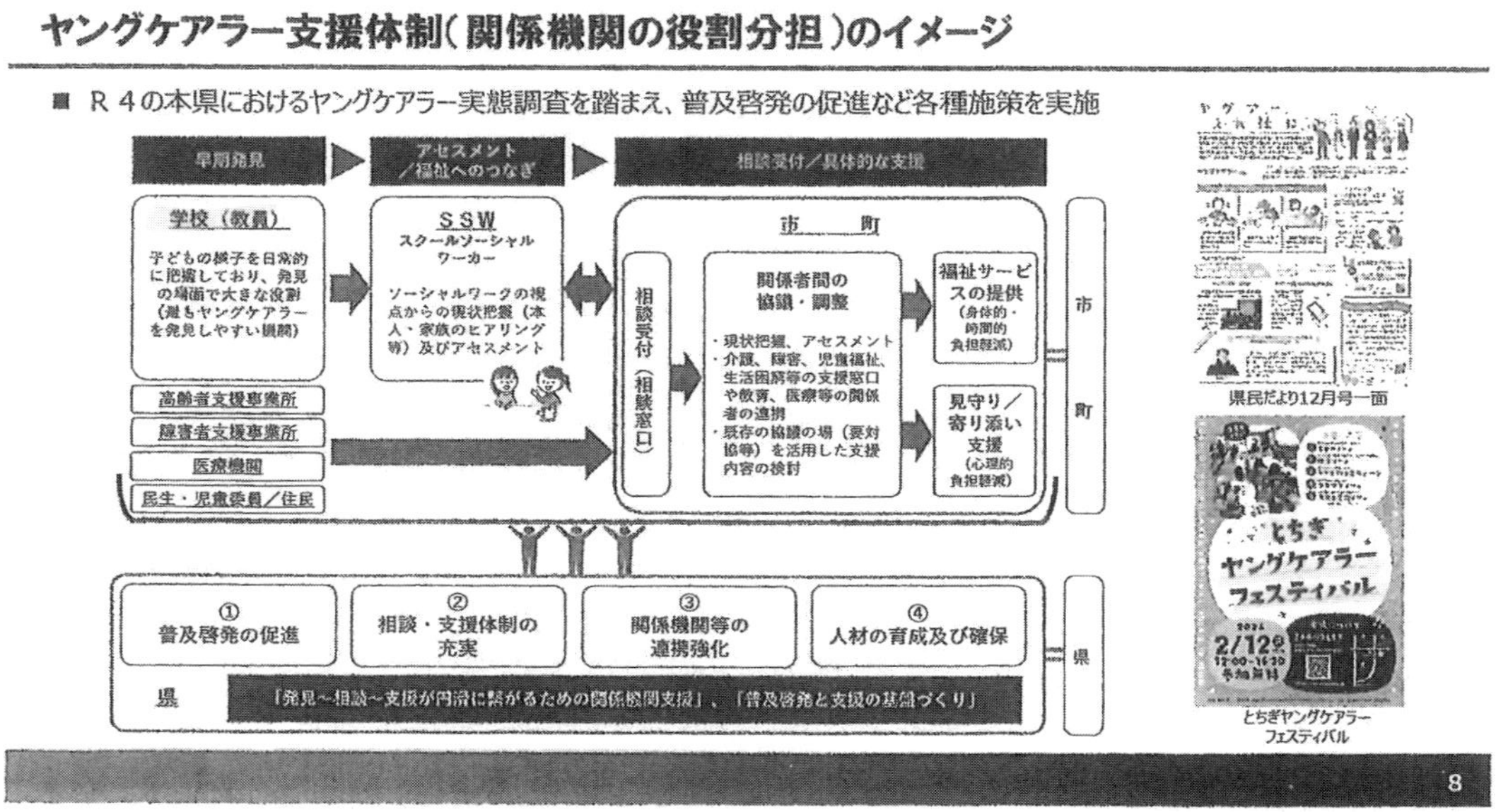
ヤングケアラー支援体制（関係機関の役割分担）のイメージ
■ R４の本県におけるヤングケアラー実態調査を踏まえ、普及啓発の促進など各種施策を実施
早期発見
アセスメント／福祉へのつなぎ
相談受付／具体的な支援
学校（教員）
子どもの様子を日常的に把握しており、発見の場面で大きな役割（最もヤングケアラーを発見しやすい機関）
高齢者支援事業所
障害者支援事業所
医療機関
民生・児童委員／住民
SSW
スクールソーシャルワーカー
ソーシャルワークの視点からの現状把握（本人・家族のヒアリング等）及びアセスメント
市　町
相談受付（相談窓口）
関係者間の協議・調整
・現状把握、アセスメント
・介護、障害、児童福祉、生活困窮等の支援窓口や教育、医療等の関係者の連携
・既存の協議の場（要対協等）を活用した支援内容の検討
福祉サービスの提供（身体的・時間的負担軽減）
見守り／寄り添い支援（心理的負担軽減）
市
町
①
普及啓発の促進
②
相談・支援体制の充実
③
関係機関等の連携強化
④
人材の育成及び確保
県
県
「発見～相談～支援が円滑に繋がるための関係機関支援」、「普及啓発と支援の基盤づくり」
県民だより12月号一面
とちぎ
ヤングケアラー
フェスティバル
2/12
とちぎヤングケアラーフェスティバル
8

は、他人に迷惑をかけたくないといった世間体を気にするなどの意識が強い点や、国や自治体などのサービス利用の促進が十分図られていない点を挙げています。第二は、身近な場所で相談できる仕組みの必要性ということです。これに関して、大石氏は次のように述べています。

「子どもに最も身近な学校の役割がとくに大切だと思う。学校生活の中で早期に当事者を発見し、行政や福祉、医療機関などが連携して適切に対処できる環境づくりが重要になります。スクールソーシャルワーカーの拡充も必要。また、多職種連携による支援も必要で、そのためのマニュアルも公開されています。日本の福祉は分野で縦割りになりがちですが、こうしたツールも活用しつつ、チームをつくって包括的・重層的に支援していく体制が求められます。[6]」

（エ）宇都宮市の場合～「こども家庭センター」の取組

宇都宮市の「こども家庭センター」は、二〇二三（令和五）年四月に、これまでの子ども部子ども家庭課が子ども部子ども支援課に改変され、県内ではじめて設置されました。「すべての妊産婦、子育て世帯、子供への切れ目のない支援を提供します。」をスローガンとして、出産から子育てまでの切れ目のない支援により、安心して子どもを産み育てることのできるまちの実現に向け、健康相談等の母子保健を担う「子育て世代包括支援センものです。

ター」と虐待対応などの児童福祉を担う「子ども家庭総合支援拠点」の機能を一体化した

ヤングケアラーについては、「子どもの居場所」とも連携しながら、新たにヤングケアラーへの家事支援事業などにより支援を強化しています。同センターでは、身近な地域において寄り添った相談支援を行うため、子ども支援課のほかに、五カ所の保健福祉拠点（本庁、平石、富屋、姿川、河内）に相談窓口を設置しています。[7]

注

1　厚生労働省「ヤングケアラー支援体制強化事業実施要綱」、二〇二三年令和五年五月二六日、参照

2　「ヤングケアラーの実態調査研究」日創研「経営コラム」、二〇二二年四月参照
https://www.jri.co.jp/page.jsp?id=102439

3　同前書、参照

4　同前書、参照

5　栃木県ケアラー支援条例栃木県公式ホームページ参照
https://www.pref.tochigi.lg.jp/reiki/reiki_honbun/e101RG00002003.html

6　下野新聞、二〇二三年二月一日の記事、参照

7　宇都宮市子ども部子ども支援課、ホームページ参照
https://www.city.utsunomiya.tochigi.jp/shisei/kikou/soshiki/1007574.html

2 生涯学習社会をめぐる問題～大学教育との関連から～

（1）リカレント教育について

（ア）生涯学習とリカレント教育

リカレント教育が注目されだしたのは、いうまでもなく閉鎖的な学校をいかに改革するかという観点から登場した生涯学習（生涯教育）の理念に基づくものです。

生涯学習の発端は、一九四九年、デンマークのエルジアでユネスコ主催の第一回世界成人教育会議が開催され、そこで従来の学校教育中心の制度的枠組みでは、とかくおろそかにされがちな人々（幼児、成人、肢体不自由者、高齢者、主婦、勤労者など）についての教育の機会をどう開拓し保障するかという問題が議論されたところから始まります。

さらに一九六七年から六八年に、ユネスコ事業計画の中にはじめて「生涯教育（l'education permenante, life-long integrated education）という理念が掲げられるようになりました。その端緒を開いたものが、一九六五年の成人教育推進国際委員会に提案されたポール・ラングラン（P.Lengrand）の論文『生涯教育の展望』です。その中で、氏は「今までは、初等・中等・大学教育の基本目標は、生涯を二つの全く別個の部分、すなわち、準備および訓練の期間と、それに続く活動の期間とに、きっぱりと分けることができるという伝統的な見解に基づいてたてられてきた。」が、今後は「一人一人の人が、学校や大学を卒業した後に自分自身の教育に着手して、学習と訓練を続けていくことが重要であると主張しました。[1] ここには、人生観の転換、すなわち準備期間と活動期間といった二区分的人生観から人間の生涯を「連続的な生涯」と捉える人生観の転換があります。

また、生涯教育の概念には、教育の再統合を図る新しい理念が含まれています。これを象徴する言葉が「integrated（統合）」です。この「統合」という言葉には、次の二つの意味があります。第一は、人が生まれてから死ぬまで、人生の各段階に相応しい学習の機会が、継続的に確保されるように統合されるという「life time」からの統合です。第二は、学習の機会が、学校だけでなく、家庭・職場・地域社会など生活のあらゆる場で確保されるよう統合される「life wide」からの統合です。すなわち、「integrated（統合）」とは、こうした「life time」と「life wide」の横と縦の両軸が構築されていくところに生涯教育（学習）の最も新しい視点があるといわなければなりません。すなわち、前者の「life time」は、人間のライフサイクルのどのステージでも学習が保証されていなければならないということであり、後者の「life wide」は、そうした学習者が学べる場を多様に設定していかなければならないということです。既存の学校も、単に決められた年齢の人間だけが学ぶ場ということではなく、むしろ誰もが学ぶことができる、いわば地域の生涯学習センターとしての役割も担っていく必要があるということです。

リカレント教育も、先のラングランによってすでに提唱されている考え方であり、これに関して、ラングランは先の論文の中で次のようにも論じています。

「ただ、ある時点で、しかるべき理由に基づいて選抜をしなければならないといっても、それが普通教育に対する反動であってはならない。さらに、選抜があとで、すぐに一つの職業につくための資格を得てある仕事についている人が、他の職業に移るための学習コースに参加して、ある職業にかかわることのできるような制度をつくりあげることも可能であろう。[2]」

「他の職業に移るための学習コースに参加して、或る職業にかかわることのできるような制度」とは、いわゆるリカレント教育（recurrent education）と呼ばれているものです。リカレント教育の特徴は、すべての人を対象とする、義務教育または基礎教育の終了後の総合的な生涯教育戦略として、人々が生涯にわたって教育と他の諸活動（労働や奉仕や余暇活動など）を交互に行う教育システムです。英語のリカレントという単語は「繰り返す」「循環する」を意味し、したがって「リカレント・エデュケーション」のことを「循環教育」「環流教育」「回帰教育」などと呼ばれますが、現在は一般に「リカレント教育」という用語が使用されています。すなわち、その意図は、教育と他の諸活動を交互に行うことにより、教育としての組織的な学習経験と他の諸活動に付随する非組織的な学習経験との間の有効な相互作用を組織化し、生涯学習を組織的に援助するシステムを具体化することにあります。

リカレント・エデュケーションの概念の提唱者はスウェーデンの経済学者レーンで、スウェーデンはこの概念を公式化した国の一つである。一九七〇年、ＯＥＣＤ（経済協力開発機構）がこの概念を教育政策会議で最初に取り上げ、その後広まりました。現在同国では、一端職業に就いても、「成人学校」と呼ばれる学習機関で職業を変えるために学ぶことができるシステムが整っているのです。

リカレント教育の主なメリットとしては、次のようないくつかの点が考えられます。第一は、教育を受ける目的や対象が明確なため、学習意欲の高さが習得効果の向上につながるということです。第二は、学び直しによって、より深められた専門的な知識や知見を仕事に活かすことができるということです。第三は、スキルアップやキャリアアップにつながるほか、新たなキャリアに挑戦するきっかけになるということです。そして第四は、共に学ぶ仲間や教育者との人脈が刺激となって自己成長を促す点です。すなわち、社会人経験を経てからのリカレント教育は、学習効果による自己成長が仕事に直結するメリットがあり、具体的には、スキルアップによる生産性向上や専門分野へのキャリアアップ、新たな人脈による刺激や意欲が仕事でのモチベーションやイノベーションに活かされることなどが期待できます。

（イ）リカレント教育と大学の役割

リカレント教育を推進していくために大学の役割が重要となります。現代の第四次産業革命[*]やSoceity 5.0などによる科学技術の急激な進歩において、それに対応して行くために新たな知識・技術の学び直しがどうしても必要になってきます。

＊ 第一次産業革命から第四次産業革命の主な違いは以下の通りです。【第一次産業革命】一八世紀半ばから一九世紀にかけて起こり、英国で蒸気機関が開発され、モノづくりが人の手から機械へと移転。【第二次産業革命】一九六五年から一九九〇年にかけて電気・石油等のエネルギー革新が大きく進み、輸送手段の変革。【第三次産業革命】コンピューターが経済界を台頭したことで工場での機械自動化が進み、より効率的に商品を大量生産することが可能。ＩＣＴ（Information and Communication Technology：情報通信技術）の普及により、生産の自動化も進展。【第四次産業革命】これはさまざまなモノがＩｏＴ（Internet of Things：モノのインターネット）の概念にもとづきインターネットに繋がることで、それをＡＩ（Artificial Intelligence：人工知能）が制御するようになり、工場の完全自動化が進んでいくという新しい革命。

こうした状況の中で、新たな知識を学ぶだけではなく、多様な学生の学び合いを実現していくために、高等教育機関は、学習者のニーズに的確に対応して行かなければなりませんし、高等教育が提供する学びのマッチングが必要不可欠です。同時に、近隣の企業や自治体とも連携しながらリカレント教育を実現していくことが重要です。わが国でも、これに関する政策を積極的に推し進めており、たとえば、社会人特別選抜、夜間部・昼夜開講制、科目等履修生、大学の公開講座、大学入学資格検定制度、教育訓練給付金などです。ちなみに、私が学長を務めている作新学院大学及び同女子短期大学部では、これに関するさまざまな取組を行ってきています。たとえば、経営学部と同大学院では、企業長期履修制度を利用して高卒で入社した社員に学位を取得させるために入学を認めています。学費を初めとする全費用はその会社で持ってくださっています。また、栃木県との関係では、小学校・中学校教員の内地留学制度や短大における保育者資格取得のための社会人の受け入れを行っています。また、短大では、同窓会（しもつき会）との連携において毎年八月にリカレント教育講座を開催して、保育者のブラッシュアップにつなげています。さらに、本学では栃木県内の五つのプロスポーツと連携しており、そこに所属している選手のセカンドキャリアのための大学院への入学も実施しています。

（ウ）日本のリカレント教育の今日的課題

では次に、わが国におけるリカレント教育に関する課題について考えていくことにしたいと思います。

元来わが国では、次のような伝統的な考え方が強い傾向があります。第一は、高度経済

転職の意向

○ 10代、20代においては、半数以上が現在or将来的に転職を希望しているが、
40歳以降、転職するつもりがないと回答する割合が6割、7割、8割と上昇する。

	n	現在転職したいと考えており、転職活動をしている	現在転職したいと考えているが、転職活動はしていない	いずれ転職したいと思っている	転職するつもりはない	現在転職したい、いずれ転職したい・計
2014年 全体	9,857	7	14.3	22	56.6	43.3
60代除く	8,788	7.5	15.2	23.8	53.5	46.5
正社員・正職員	6,354	5.9	14.3	20.5	59.3	40.7
18〜24歳	404	5.2	20.5	31.2	43.1	56.9
25〜29歳	819	8.1	19	26.6	46.3	53.7
30〜34歳	853	6.8	14.1	27.2	51.9	48.1
35〜39歳	976	6.6	15.6	22.8	55	45
40〜49歳	1,795	6.3	13.9	18.8	61.1	39
50〜59歳	1,175	3.5	11.2	12.4	72.9	27.1
60〜69歳	332	3.6	5.1	6.9	84.3	15.6

(出典)リクルートワークス研究所「ワーキングパーソン調査2014」より作成。　(単一回答:%)

成長期を経て社会的に長期雇用の慣行があること、第二は、社会人になってから教育機関にもう一度戻って学習するというシステムは馴染みにくい状況にあること、そして第三は、仕事に必要な技術や知識は、キャリアを中断して外部で学ぶのではなく、就職した企業内で習得していくのが通例といった考え方があることです。

ちなみに、欧米などでは、もともと欧米の労働市場は流動性が高く、キャリアアップのために、社会人になってから教育機関で学習するシステムを取り入れやすい環境が伝統的にあります。比較的長期間にわたって正規の学生として就学することを推奨しており、個人の職業技術や知識を向上するために、フルタイムの

就学とフルタイムの就労を交互に繰り返すことが可能となっています。

現在、日本においても、転職でのキャリアアップを目指す人が増加するなど働き方が多様化しており、キャリアアップに必要なスキルを身につける方法としてリカレント教育が注目されています。ちなみに、転職を希望する年齢層は、次の表でも明らかなように、二〇代から三〇代に多く見られます。テレビやその他のメディアでも転職の広報が盛んです。日本においても、終身雇用的な考え方が若い人々から変わりつつある傾向があります[3]。

ただ、会社などで働く正社員が学び直しをしたいと希望しても、依然そこに立ちはだかる問題が現実にあることも事実です。次のアンケート調査でも明らかなように、とくに問題となる点としては、「仕事が忙しくて学び直しの余裕がない」、「費用がかかりすぎる」、あるいは主に女性ですが「家事・育児が忙しくて学び直しの余裕がない」などが挙げられます。これらを解決していくためには、職場における働き方改革がどうしても必要であり、社員の学び直しのための費用負担軽減のために、国、自治体をはじめ学び直しのための給付制度の充実が重要となります[4]。

この点に関して、柴田巌氏（株式会社Ａｏｂａ　ＢＢＴ代表取締役社長）は、著書『未来をつくる大学経営戦略』（株式会社ダイアモンド社、二〇二三年）の中で、現在の日本の状況について次のように指摘しています。

正社員の学び直しの障害

○７割強の労働者が学び直しに問題を抱えていると回答。
○多いものは、「仕事が忙しくて学び直しの余裕がない」、「費用がかかりすぎる」が２大問題点。

学び直しに問題があるとした労働者（正社員）及びその問題点の内訳（複数回答）

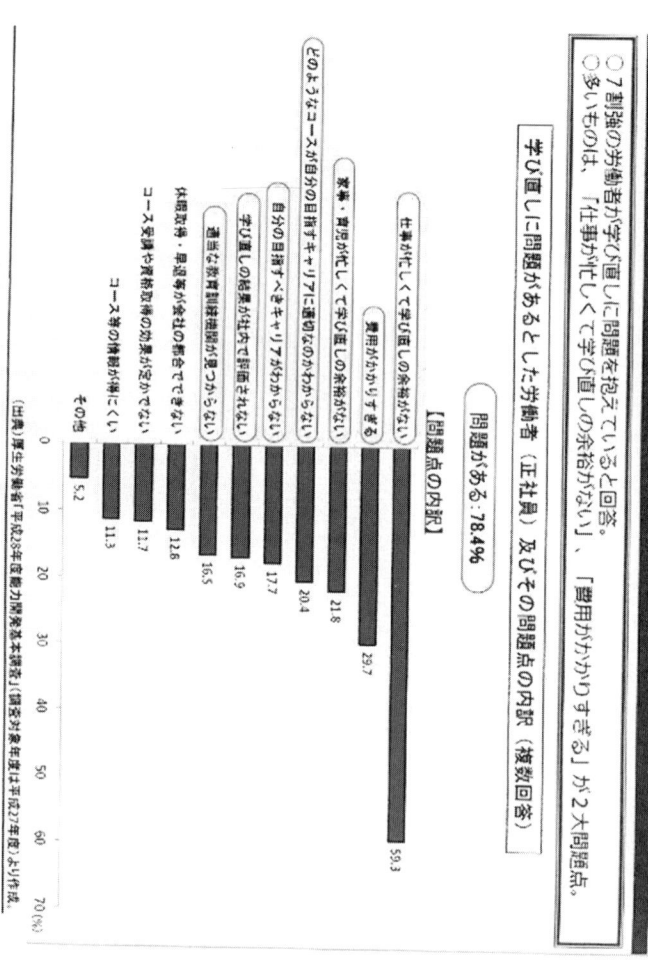

問題がある：78.4%

【問題点の内訳】

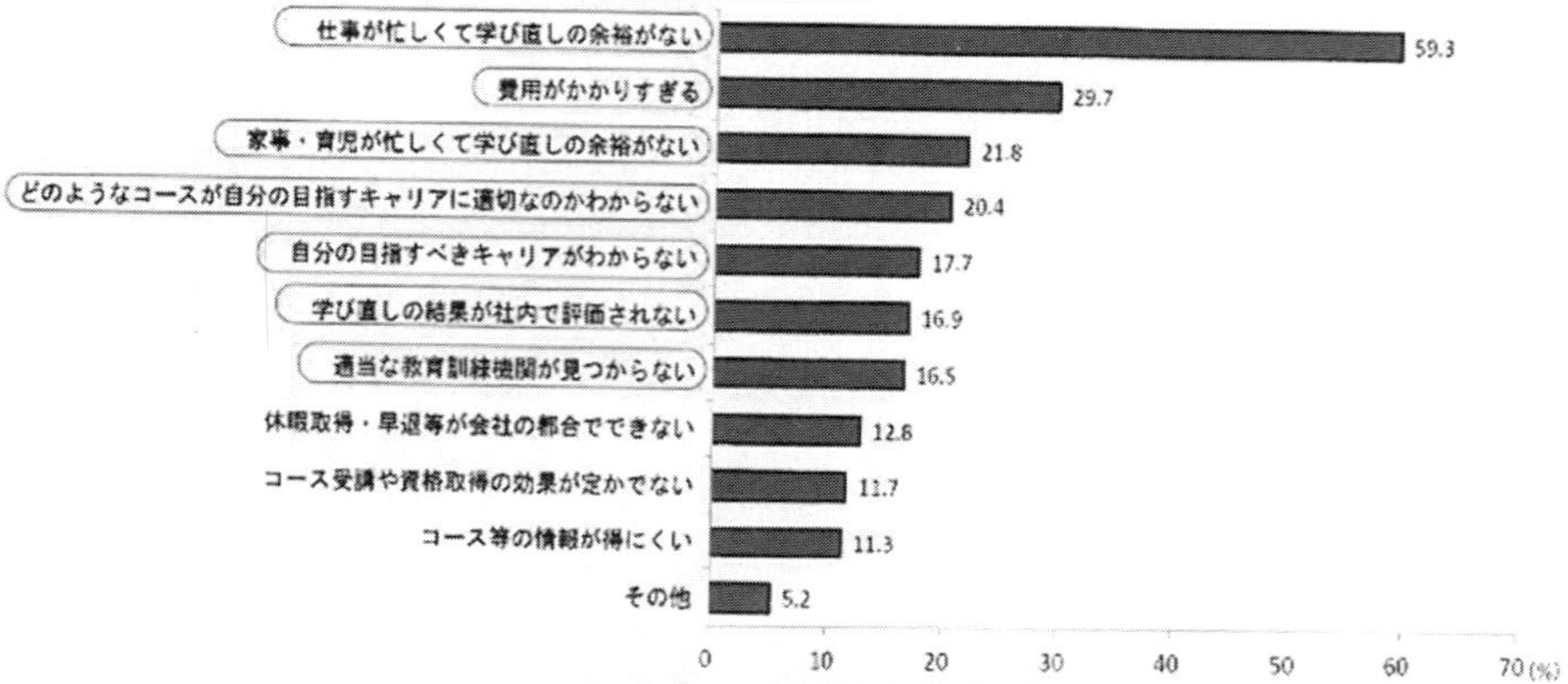

（出典）厚生労働省「平成28年度能力開発基本調査」（調査対象年度は平成27年度）より作成。

「現実には、多くの日本企業は社員も自分自身の学びに対して積極的に投資してきませんでした。一人あたりのGDPがOECD加盟国三八カ国中二〇位（二〇二一年）と、G7に名を連ねる主要国としては寂しい状況にある要因の一つは、所得を伸ばすためにに国、企業、個人が継続的にバージョンアップを怠ってきたことにあると思います。」[5]

この柴田氏の指摘からもわかるように、政府だけではなく、企業や個人まで全体的に教育の根本である「学びつづける」ことを根本とする教育の考え方を軽視していたことがわかります。

（2）リカレント教育とリスキリング

では最後に、リスキリングについて少し触れておきたいと思います。近年、リカレント教育に対して、新たにリスキリング（reskiling）という概念が登場しました。二〇二二年一〇月に、岸田文雄首相が臨時国会で、今後五年間で一兆円の予算をこのリスキリング支援に充てると発表しました。リカレント教育が、主に個人の学び自体に主眼が置かれているのに対して、リスキリングは、企業が戦略的に社員にスキル獲得を促すという企業視点であり、実践に重きが置かれています。すなわち、リスキリングとは、技術革新やビジネスモデルの変化に対応するために、業務上で必要とされる新しい知識やスキルを学ぶことを意味します。ちなみに経済産業省は、リスキリングを、「新しい職業に就くために、あるいは、今の職業で必要とされるスキルの大幅な変化に適応するために、必要なスキルを獲得する／させること」と定義しています。「リスキリング＝DX教育」では必ずしもありませんが、近年では、とくにDX化のための新たなスキルの習得や、仕事の進め方が大幅に変わることが予想される職業につくためのスキル習得を指すことが増えているのが現状であり、今後はさらに発展していくものと思われます。むしろ企業間や産業間での労働移動を円滑にするという大前提に基づいており、単なる「学び直し」という概念では収まらない部分もあり、リスキリングの本質的な価値とポテンシャルを見落とす可能性があると警鐘を鳴らす人もいます。[6]

では、リスキリングによって具体的にどのような技術を身につけたいと考えているのでしょうか。この点に関しては、上の表によく現れています。やはり、「プログラミングスキル」「マーケティングスキル」「IT・DX・AI関連スキル」「語学スキル」「データ分析・統計解析スキル」が上位を占めています。大学などでも、近年「データサイエンス」などの学部が創設されており、先に紹介したように企業との連携に基づき、学習者のニーズに応えていかなければならないわけです。[7]

今後は、リカレント教育にしろリスキリングにしろ、根本的には個人が生涯にわたって

リスキリングで何を学ぶべき？

引き続き「Re就活」へのサイト来訪者を対象に、株式会社学情が行ったアンケート結果をご紹介します。リスキリングで身に付けたいスキルの上位は、下記の図の通りです。

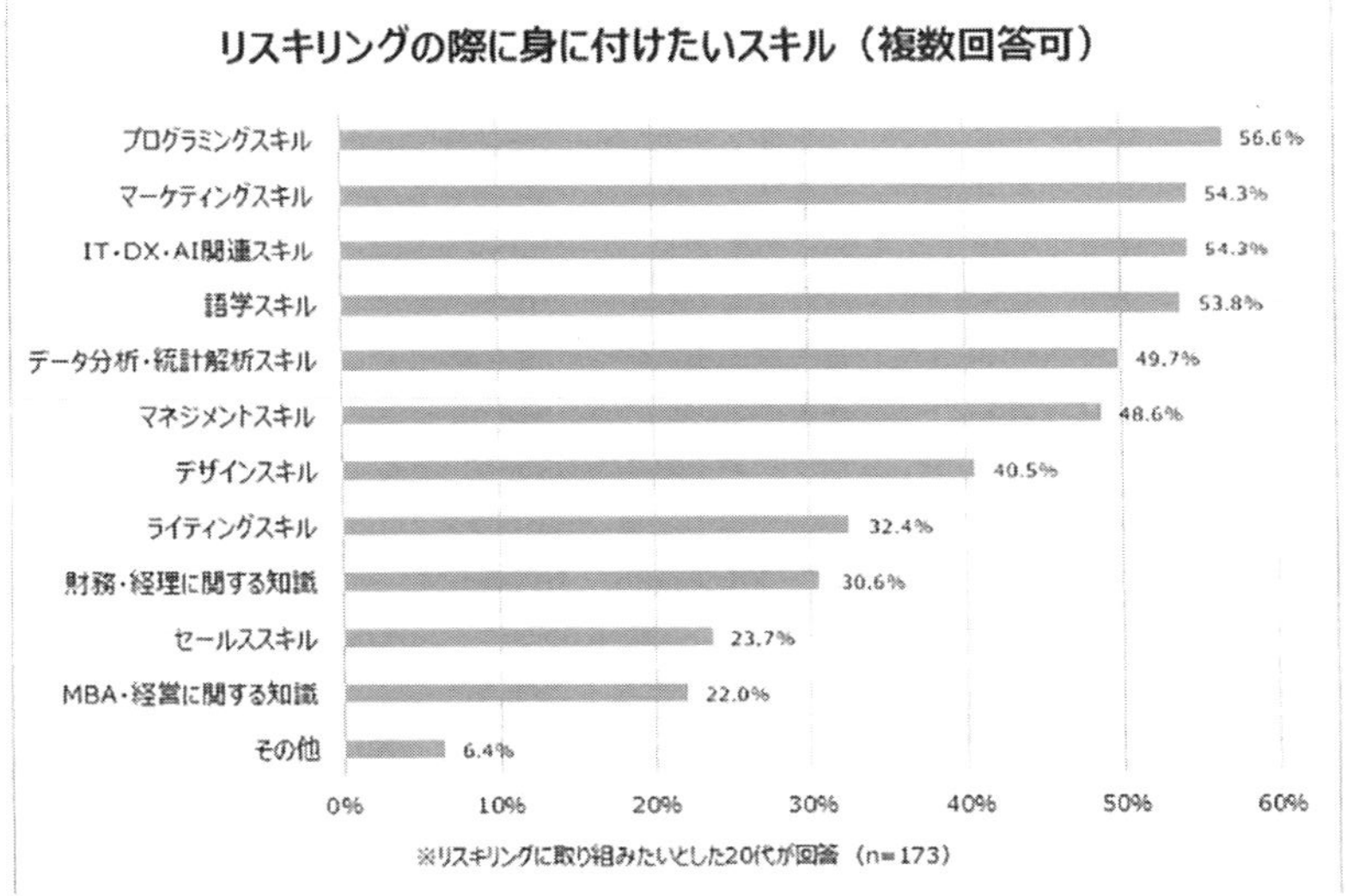

利用できる教育の機会を拡充・整備すること、社会の労働条件や雇用関係において教育活動への反復的な参加が認められること、そして生涯のどの時期の教育評価であっても、等しく評価する社会的慣行を確立すること、これらを一体として推進されなければなりません。

注

1 ポール・ラングラン『生涯教育の展望』(村井実『原典による教育学の歩み』講談社、一九七四年所収)、七三六～七六七頁

2 同前書、七四〇～七四一頁

3 リクルートワーク研究所「ワーキングパーソン2014」、二〇一四年、参照

4 厚生労働省「平成28年度能力開発基本調査」、二〇一六年、参照

5 柴田 巌『未来をつくる大学経営戦略』株式会社プレジデント社、二〇二三年、六二頁

6 株式会社学情 Re就活20代の働き方改革研究所「リスキリングで身に付けたいスキル・知識」二〇二三年四月一三日発表、参照
https://service.gakujo.ne.jp/wp-content/uploads/2023/10/230413-rekatsuenq.pdf

7 前掲書『未来をつくる大学経営戦略』株式会社プレジデント社、一四八頁

や行

ら行

わ行

な行

は行

ま行

た行

さ行

事　項

索　引

人　名

あとがき
〜恩師村井実先生を偲んで〜

慶應義塾大学名誉教授の恩師村井実先生が、令和六年一〇月一八日にご逝去されました。享年一〇二歳でした。私は、これまで慶應義塾大学の学部・大学院時代から村井先生に師事し、人間教育の思想に基づく教育学、教育思想を四七年間研究して参りました。先生はソクラテスの研究者であり、洋の東西を問わず多くの哲学者や思想家について数多く研究され、またハーバード大学では教育哲学研究所を創設するなど、日本だけではなく世界を代表する教育学者でした。先生からはさまざまなことを学びましたが、その中でも、先生の「人間はみなよく生きようとしている」という人間信頼に基づく人間観と、その人間を助けていくことが教育の役割であるという教育観を理念とした人間主義の教育を、これまでの私の教育研究の中核としてきました。また、村井先生は、それを阻害する経済、政治、軍事などを優先する国家主義の教育に対しては厳しく批判し、常に人間主義を掲げ、しばしば福澤諭吉先生の「一身独立して一国独立する」や「独立自尊」を引用されて、まず一人一人の人間の独立の重要性を主張されていたました。

今回、この『教育の危機と現代の日本』を出版した主な目的は、第一に恩師村井実先生が残してくださった人間観、教育観をはじめとする教育思想をできるだけ継承し、世の中に少しでも広めたいということであり、第二に以上のような人間主義の教育の観点から現代の根本問題を明示し、その上で今後の新たな視点を提示したいということです。もちろんこれら二つの点が、この書物によって十分達成されたとは考えていません。しかし、今日わが国の教育の根元的な問題がどのようなところにあるのかについて、今後わが国の教育を変革するための手がかりの一助とはなったのではないかと密かに考えています。とくに具体的な問題点として取り上げたものは、①教育の歴史的問題、②教育思想の問題、とりわけ人間観（子ども観）、教育観の問題、③教職の問題、④教育連携体制の構築の問題、⑤生涯学習の問題の五点です。

もし今、村井先生に今日の日本の教育についてお尋ねしたなら、おそらく「戦後の教育は根本的に全く変わっていないじゃないか」ときっとおっしゃると思います。あるいは、「今の日本の教育の状況は、戦後の中で最も危機的な状況ではないか」と嘆くかもしれません。その問題の根本は、やはり教育自体の考え方、つまり教育思想に起因しているといわなければなりません。近代以降のわが国の教育の歴史は、一貫して経済、政治、軍事を優先した中央集権的国家主義教育の歩みであり、教育それ自体はあくまで手段と化してしまっているということです。それは、教育思想の観点から現代も根本的には全く変わっていないと私は考えています。教育は本来よく生きようとする一人一人のための営みであり、国や社会は、老若男女や人々の生活環境等に関係なく援助していく義務があるはずであり、人間個々人が連続的成長を行っていくこと自体が教育の本来の目的でなければなりません。

最後に、村井先生が九一歳の時に刊行した『日本教育の根本的変革』（川島書店、二〇一三年）の一節を引用しておきたいと思います。

「私の率直な見解は、「教育」というのは、少なくとも日本では、もともと日本国民個々人の人間的成長や充実や成熟を意図したものではなく、またそうしたことに役立とうという性質のものでもなかったのではないか？ ということである。ただ、「近代化」を目標に激動する国家の状況と要求に合わせて、明治維新以来太平洋戦争の敗戦に至るまで、その時々にふさわしいと見えた知識や技術、ものの見方・考え方への「教化」（啓蒙）の働きを、「政府」が国民に対して繰り返してきただけのものではなかったのか？ そして敗戦後も、「民主化」という理念こそ新しく加えて掲げたものの、依然としてして同じく国家の「近代化」に向かっての「教化」（啓蒙）の働きを続けて、そのまま今日にいたっているのではないか？ ということである。」（六〜七頁引用）

おわりに、今回の出版では、東洋館出版社の五十嵐康生様にはいろいろご無理なお願いを言いながらも快くお引き受けくださり心より感謝申し上げます。また、ねむの木学園の梅津健一校長先生には、表紙と裏表紙の挿絵を快くご提供くださり、心より感謝申し上げます。

渡邊　弘（わたなべ　ひろし）
WATANABE, Hiroshi

1955年、栃木県生まれ。慶應義塾大学文学部社会・心理・教育学科卒。同大学大学院社会学研究科教育学専攻修士課程修了。1982年、同大学大学院社会学研究科教育学専攻博士課程中退。（博士）教育学。作新学院女子短期大学助教授、慶應義塾大学非常勤講師、宇都宮大学教育学部教授（学部長・研究科長、附属小学校長兼務）などを経て、2017年4月から作新学院大学と作新学院大学女子短期大学部の両方の学長を務める。

1994年、国民学術協会賞（中央公論社後援）受賞。2013年1月から2013年3月まで、NHKラジオ第2で「こころをよむ」13回講座担当。2020年、学校法人ねむの木学園理事。2024年、日本私立短期大学協会理事。

【主な著書】

『宮城まり子とねむの木学園』潮出版社、2021年。（単著）
『創価教育と人間主義』第三文明社、2021年。（単著）
『世界が求める創価の人間教育』第三文明社、2020年。（共著）
『人間教育のすすめ』東洋館出版社、2016年。（単著）
『「ちゅうくらい」という生き方――俳人一茶の思想はどこからきたか』信濃毎日新聞社、2015年。（単著）
『一茶とその人生』NHK出版、2014年。（単著）
『これだけは知っておきたい道徳授業の基礎・基本』川島書店、2012年。（単著）
『人間教育の探究【改訂版】』東洋館出版社、2010年。（単著）
『近世日本における「学び」の時間と空間』渓水社、2010年。（共著）
『「平和の世紀へ」――子どもの幸せを目指して』鳳書院、2008年。（共著）

『学校道徳教育入門』東洋館出版社、2007年。(単著)
『俳諧教師小林一茶の研究』東洋館出版社、2006年。(単著)
『「教育」を問う教育学——教育への視角とアプローチ』慶應義塾大学出版会、2006年。(共著)
『「援助」する学校へ——学びの援助活動としての教育実践』川島書店、2001年。(編著)
『共にまなぶ道徳教育』川島書店、1997年。(共著)
『信頼の崩壊——黒磯ナイフ事件をめぐる事実と反省』下野新聞社、1998年。(共著)
『「援助」教育の系譜——近世から現代まで:その思想と実践』川島書店、1997年。(編著)
『「援助」としての教育を考える』川島書店、1994年。(編著)
『一茶・小さな〈生命〉へのまなざし——俳句と教育』川島書店、1994年。(単著)
『小林一茶——「教育」の視点から——』東洋館出版社、1992年。(単著) など

教育の危機と現代の日本
人間教育からの改革

2025(令和 7)年 3 月 25 日　初版第 1 刷発行

著　　者：渡 邊　　弘
発 行 者：錦織圭之介
発 行 所：株式会社　東洋館出版社
〒101-0054 東京都千代田区神田錦町 2 丁目 9 番 1 号
コンフォール安田ビル 2 階
代　表　電話 03-6778-4343　FAX 03-5281-8091
営業部　電話 03-6778-7278　FAX 03-5281-8092
振　替　00180-7-96823
U R L　https://www.toyokan.co.jp
印刷・製本：藤原印刷株式会社
装幀・本文デザイン：藤原印刷株式会社

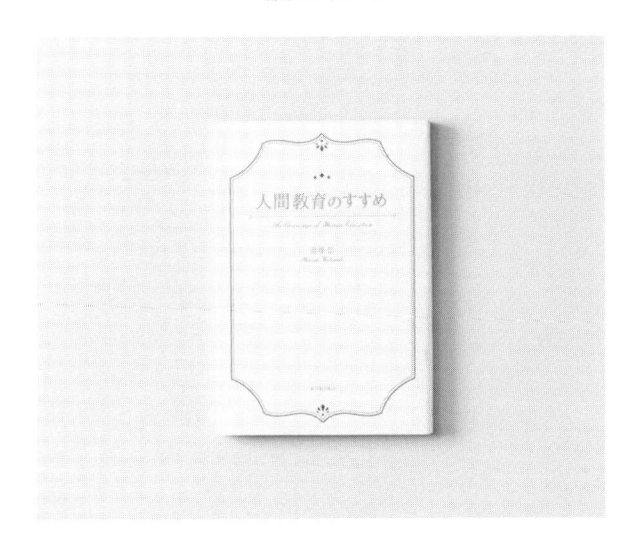

ISBN978-4-491-05850-4　Printed in Japan